So
Easy !

make things

simple and enjoyable

生活技能 313

開始在新加坡自助旅行

作者◎張念萱

「遊新加坡必備單字」

娘惹(Nyonya)

娘惹美食中的烏打是一種魚餅，包在香蕉葉中用火烤

▲「娘惹」原意為華人與馬來人通婚後的女性後裔，男性則稱為峇峇(Baba)。經常聽到的「娘惹菜」即為結合中式和馬來、印尼料理的獨特菜肴，其中知名的叻沙(Laksa)、烏打(Otak-otak)、九層糕(Kuih Lapis)，都是到新加坡必嘗的娘惹美食。

魚尾獅(Merlion)

魚尾獅公園

▲提到新加坡，第一個讓人想到的非魚尾獅莫屬了。新加坡的國名Singapura在馬來語中有獅城之意，加上從前是個漁村，因此將這兩個元素加在一起設計出了魚尾獅的標誌。

組屋(HDB)

新加坡人居住的國宅

▲組屋的英文為Housing & Development Board，簡稱為HDB，當地人多住在政府所建造的國宅，又稱為組屋的外觀相似，每一棟建築上都會寫上大大的號碼。組屋只提供給新加坡公民或永久居民購買，居住人民可擁有99年的租貸權。

私人公寓 (Condominium)

▶ 當地人簡稱Condo，就算是外國人也可以自由購買，價位上比政府組屋高上許多。私人公寓的最大特色為社區門口皆有保全，公共設施充裕，多有游泳池、健身房、烤肉區和交誼廳。

星式英文(Singlish)

■雖然新加坡的通用語為英語，但由於國內種族多元，新加坡人常慣於在英語中摻入各式方言，例如福建話、馬來語、華語等。其中將中文的語助詞加入英文句尾也是一大特徵。有興趣的讀者不妨從新加坡的電影、戲劇來了解新加坡的獨特英文。

傳統咖啡店(Kopitiam)

請從這裡開始排隊 (Please Q here)

◀ 許多商店或收銀台前總會看到「Please Q here」的牌子，Q為queue的簡寫，意思就是「請從這裡開始排隊」。

▲ 在新加坡無論街頭或是賣場中都不難看見Kopitiam的蹤跡，Kopi在馬來文中為「咖啡」之意，tiam則為福建語的「店」，通常Kopitiam內除了有販售飲料外，還提供傳統早餐或甜品，也會結合各式各樣的新加坡傳統小吃，例如福建麵、炒粿條、海南雞飯等。若想要一探新加坡人「食」的生活，不妨去傳統咖啡店看看。

巴剎(Pasar)

■ 為馬來語的市場(類似台灣的傳統市場)，在新加坡分為乾巴剎和濕巴剎。乾巴剎販售一般的食品；濕巴煞則是販售各式生鮮蔬果魚肉類，由於此區域時常需要用水沖洗地板，因此稱為濕巴剎。逛巴剎可以感受到道地的新加坡人生活，通常巴剎在中午左右會慢慢收攤。

清真(Halal)

只要看到這個標誌就知道是清真餐廳

Halal的回收台或標誌通常為綠色，Non-Halal則不一定

▲ 在新加坡的穆斯林人口不少，因此在吃的方面，特別尊重宗教的飲食要求。清真指的是符合穆斯林教規的食物，就算是非回教徒也可以享受清真美食。若在需要將餐盤歸還的美食街用餐，歸還處通常會分為Halal(清真)和Non-Halal(非清真)兩區塊，切記別放錯了。

熟食中心(Hawker Centre)

▲ 由新加坡政府所設置的室外熟食小販中心，食物多為物廉價美的當地美食，甚至還有米其林星級攤位藏身在熟食中心裡。(參閱P.114)

「遊新加坡鐵則」

☑ 榴槤禁止上車

理由：水果之王榴槤在新加坡十分普遍，新加坡人也愛吃。榴槤氣味特殊，並非每個人都能接受，加上在密閉空間有榴槤味道便遲遲無法散去，因此才會有榴槤禁止帶進車站、車廂等規定。

▲禁止攜帶榴槤

☑ 嚴禁口香糖

理由：新加坡嚴禁販賣口香糖，只有特定醫療用途的口香糖可販售。雖然沒有明文規定不允許嚼食口香糖，由於沒有販售，久而久之在新加坡也就沒有吃口香糖的習慣。販賣及隨意亂吐口香糖可都是會被處以罰金，遊客得特別注意。

☑ 尊重多元文化宗教

理由：走在新加坡街頭，可以馬上感受到種族的多元性。由華人、馬來人、印度人所組成的社會，其中也蘊含著豐富的宗教背景。無論是佛教、道教、回教、印度教，大家都互相尊重、和平共處。

☑ 來新加坡請帶外套

理由：新加坡一年四季都處於攝氏30度左右的氣溫，但其實新加坡的室內冷氣非常冷，無論是購物中心、捷運車站，甚至是公車車內，常常讓人冷到一定得穿外套。因此建議帶件外套，以免感冒了。

☑ 捷運末班車有時較早結束

理由：新加坡的大眾交通主要是靠地鐵和公車在支撐，地鐵和公車班次密集。但根據線路不同，某些地鐵支線的末班車時間為23點左右，假日若遇地鐵維修日期，還有可能提前至22點左右結束營運。夜間視區域則有少數公車路線24小時行駛。新加坡地鐵SMRT官方網址：www.smrt.com.sg

☑ 餐廳濕紙巾另外收費

理由：在台灣餐廳中理所當然的免費濕紙巾，來到新加坡可是要收費的。若不確定是否為免費提供，可先和服務生確認，通常餐廳的濕紙巾一份為新幣$0.20～0.40不等，在帳單中也會列出濕紙巾收費的細項。

☑ 沒有小費文化

理由：若去新加坡餐廳吃飯，會發現帳單的金額總是比想像中的高上不少，是因為菜單上的價格高未包含餐廳服務費10%和GST消費稅7%。由於餐廳的服務費是固定加在帳單中，所以並沒有額外給予小費的習慣。

☑ 走路、手扶梯請靠左

理由：新加坡是右駕國家，因此行人走路都必須靠左邊，這一點和在台灣的習慣相反。若想要在新加坡自駕需要特別留意小心。

☑ 面紙占位術

理由：面紙占位可說是新加坡的潛規則。在傳統咖啡店、美食街只要遇到吃飯時段總是一位難求，好不容易搶到位子後，大家會丟包面紙在桌上，表示此位已有人坐，然後再去點餐。入境隨俗，若看到空無一人的位子但桌上放有面紙，可能此座位已經有主人了，不妨另尋他位。

☑ 到處都有辣椒醬

理由：新加坡人愛吃辣，不管吃什麼餐，基本上都會問你需不需要加辣。就連麥當勞的自助醬料架上，也都會放有「番茄醬(Ketchup)」和「辣椒醬(Chili)」。

▲ 麥當勞自助醬料區，左邊為辣椒醬、右邊為番茄醬

編輯室提醒

出發前，請記得利用書上提供的Data再一次確認

每一個城市都是有生命的，會隨著時間不斷成長，「改變」於是成為不可避免的常態，雖然本書的作者與編輯已經盡力，讓書中呈現最新最完整的資訊，但是，我們仍要提醒本書的讀者，必要的時候，請多利用書中的網址與電話，再次確認相關訊息。

資訊不代表對服務品質的背書

本書作者所提供的飯店、餐廳、商店等等資訊，是作者個人經歷或採訪獲得的資訊，本書作者盡力介紹有特色與價值的旅遊資訊，但是過去有讀者因為店家或機構服務態度不佳，而產生對作者的誤解。敝社申明，「服務」是一種「人為」，作者無法為所有服務生或任何機構的職員背書他們的品行，甚或是費用與服務內容也會隨時間調動，所以，因時因地因人，可能會與作者的體會不同，這也是旅行的特質。

新版與舊版

太雅旅遊書中銷售穩定的書籍，會不斷再版，並利用再版時做修訂工作。通常修訂時，還會新增餐廳、店家，重新製作專題，所以舊版的經典之作，可能會縮小版面，或是僅以情報簡短附錄。不論我們作何改變，一定考量讀者的利益。

票價震盪現象

越受歡迎的觀光城市，參觀門票和交通票券的價格，越容易調漲，但是調幅不大(例如倫敦)，若出現跟書中的價格有微小差距，請以平常心接受。

謝謝眾多讀者的來信

過去太雅旅遊書，透過非常多讀者的來信，得知更多的資訊，甚至幫忙修訂，非常感謝你們幫忙的熱心與愛好旅遊的熱情。歡迎讀者將你所知道的變動後訊息，善用我們提供的「線上回函」或是直接寫信來taiya@morningstar.com.tw，讓華文旅遊者在世界各地成為彼此的幫助。

太雅旅行作家俱樂部

遊新加坡行前 Q&A

Q1 旅遊新加坡，需要辦理觀光簽證嗎？

持中華民國護照入境新加坡可享30天觀光免簽證。入境時護照有效期限需要超過6個月以上，並須備妥回程機票。

Q2 只會中文，在新加坡也可以溝通無礙嗎？

新加坡有4種官方語言，分別為英語(English)、華語(Mandarin)、馬來語(Malay)、坦米爾語(Tamil)，英語為主要的共通語言。但若真的只能以中文溝通，在新加坡自助旅行也不會有太大阻礙。

Q3 該如何估算新加坡旅費？

在新加坡旅遊有多種組合選擇，以小資族的玩法，機票來回台幣9,000～12,000元，商務飯店雙人房每晚台幣2,500～3,500元，計程車、grab視距離起價台幣70～120元，室內美食中心每餐台幣200～300元。

Q4 適合旅行的月分為何？

新加坡全年溫度皆為26～32℃左右，若考慮出遊的方便性，可避開在11～2月降雨機率較高的雨季前往。

Q5 新加坡適合親子共遊嗎？

新加坡氣候溫暖、交通方便，飲食文化也與台灣相似，非常適合帶小朋友來新加坡觀光。除了新加坡環球影城外，新加坡的動植物園、鳥園也是非常受到大小朋友喜愛的觀光景點。

▶ **新加坡環球影城**

Q6 新加坡離馬來西亞很近，一次玩兩國時間會太趕嗎？

若想要在有限時間一次暢遊新加坡和馬來西亞，可選擇距新加坡鄰近的馬來西亞地區，例如馬來西亞的新山(簡稱 JB)，從新加坡只需搭

▲ **馬來西亞樂高樂園**

乘公車即可抵達。不少新加坡人也會在週末假日前往消費。而大人小孩都喜愛的馬來西亞樂高樂園(見P.160)，也可從新加坡搭車抵達。新加坡至馬來西亞首都吉隆坡的飛行時間約為40分鐘，若旅程時間容許，一次暢遊兩國並非難事。

Q7 新加坡是東南亞美食重鎮，有什麼是必吃的嗎？

新加坡的美食實在太多，但如果真的要選出必吃，當然是雞飯、肉骨茶、叻沙、沙嗲、辣椒螃蟹、福建麵、魚頭米粉以及娘惹料理。

So Easy 313

開始在新加坡自助旅行

作　　者	張念萱	

總 編 輯	張芳玲
發想企劃	taiya旅遊研究室
編輯部主任	張焙宜
企畫編輯	鄧鈺澐
主責編輯	黃　琦
封面設計	Daniel Huang
美術設計	Daniel Huang
地圖繪製	Daniel Huang

太雅出版社
TEL：(02)2882-0755　FAX：(02)2882-1500
E-mail：taiya@morningstar.com.tw
郵政信箱：台北市郵政53-1291號信箱
太雅網址：http://taiya.morningstar.com.tw
購書網址：http://www.morningstar.com.tw
讀者專線：(04)2359-5819 分機230

出 版 者　太雅出版有限公司
　　　　　11167台北市劍潭路13號2樓
　　　　　行政院新聞局局版台業字第五○○四號

總 經 銷　知己圖書股份有限公司
　　　　　106台北市辛亥路一段30號9樓
　　　　　TEL：(02)2367-2044／2367-2047　FAX：(02)2363-5741
　　　　　407台中市西屯區工業30路1號
　　　　　TEL：(04)2359-5819 FAX：(04)2359-5493
　　　　　E-mail：service@morningstar.com.tw
　　　　　網路書店：http://www.morningstar.com.tw
　　　　　郵政劃撥：15060393 (知己圖書股份有限公司)

法律顧問　陳思成律師

印　　刷　上好印刷股份有限公司　TEL：(04)2315-0280
裝　　訂　大和精緻製訂股份有限公司　TEL：(04)2311-0221

初　　版　西元2020年01月01日
定　　價　320元
(本書如有破損或缺頁，退換書請寄至：台中市西屯區工業30路1號 太雅出版倉儲部收)

ISBN　978-986-336-363-7
Published by TAIYA Publishing Co.,Ltd.
Printed in Taiwan

國家圖書館出版品預行編目(CIP)資料

開始在新加坡自助旅行／張念萱作，
——初版，——臺北市：太雅，2020. 01
面；　公分 . ——（So easy；313）
ISBN　978-986-336-363-7 （平裝）

1.自助旅行 2.新加坡

738.79　　　　　　　　　　108018121

編輯室：本書內容為作者實地採訪資料，書本發
行後，開放時間、服務內容、票價費用、商店餐
廳營業狀況等，均有變動的可能，建議讀者多利
用書中網址查詢最新的資訊，也歡迎實地旅行或
居住的讀者，不吝提供最新資訊，以幫助我們下
一次的增修。
聯絡信箱：taiya@morningstar.com.tw

給自己安排一趟到新加坡度假的機會吧！

我知道，新加坡通常不是台灣旅客的旅遊首選。

多數人安排3～5天的假期時，不外乎日本、韓國、香港和泰國，新加坡總不是排在前三名。或許是害怕炎熱的天氣，抑或是覺得同為華人圈的地方少了點新鮮感，但許多人實際來新加坡走了一遭後，才意外發現這美麗的花園城市有著自成一格的魅力。

新加坡雖小，但卻可以滿足各種不同族群的遊客。無論是情侶出遊、親子遊、孝親之旅，或是一個人的旅行，你都可以在新加坡找到你自己的旅行方式。這裡永遠都是夏天，讓你不用準備厚重的外衣；與台灣零時差，讓你一下飛機就能開始觀光行程；中文嘛也通，不會英文也能輕鬆走遍新加坡。

常常有對新加坡不抱期望的親友來訪，他們最後要離開之前總是說，新加坡比想像中好玩！乾淨的街道和各種先進的設備，讓他們對新加坡的感受大大改觀。這也促成我寫這本書的動力之一。住在新加坡邁入第四年，身為台灣人的我，至今仍會被這地方所驚豔。所以我相信初來乍到的旅客，一定也

能夠被這年輕充滿活力的國家給吸引。

　這本書的出版要感謝我的爸媽，感謝他們永遠支持我走在寫作這條路上。感謝我的好姐妹Cynthia，她除了是個新加坡通，也在我寫書期間給我許多建議，陪我造訪了不少景點。還要感謝我的另一半Ben，身為新加坡人的他，帶我認識了從前我所不知道的新加坡，更在我寫書期間不斷地鼓勵我。

　最後特別謝謝太雅出版團隊，芳玲總編、云也編輯、黃琦編輯、美術設計等人，讓這本書有機會出版，並和更多的讀者分享。

關於作者

張念萱

　畢業於澳洲國立雪梨大學亞洲研究所，過去10年來曾在雪梨、東京、新加坡求學和工作。目前居住在新加坡，在地生活已邁入第四年，雖然仍然不會說Singlish，但發現已經漸漸習慣全年攝氏30℃的天氣。著有《開始在澳洲自助旅行》(太雅出版)。

目　錄

16

認識新加坡

40

機場篇

84

住宿篇

24

行前準備

66

交通篇

94

飲食篇

如何使用本書

專治旅行疑難雜症：根除旅行小毛病，如：辦護照、簽證、購買票券、安排行程、機場出入境手續、行李打包、如何搭乘各種大眾交通工具、打國際電話等疑難雜症，本書全都錄。

省錢、省時祕技大公開：商家不會告訴你，只有當地人才知道的購物、住宿、搭車等，省錢、省時的祕技大公開，本書不藏私。

實用資訊表格：證件哪裡辦、店家景點怎麼去、相關聯絡資料與查詢管道、條例整理，重要時刻不再眼花撩亂。

▶ **豆知識**
延伸閱讀、旅行中必知的小常識

◀ **行家祕技**
內行人才知道的各種撇步、玩樂攻略。

◀ **Step by Step圖文解說**
入出境、交通搭乘、機器操作、機器購票，全程Step by Step圖解化，清楚說明流程。

機器、看板資訊圖解 ▶
購票機、交通站內看板資訊，以圖文詳加說明，使用介面一目了然。

▼ **旅遊小提醒**
作者的玩樂提示、行程叮嚀，宛如貼身導遊。

▲ 新加坡景點特別介紹

介紹新加坡、網羅各區精采景點與璀璨夜景。

▶ 路上觀察

當地的街頭趣味、城市觀察、特有文化專欄解說。

▼ 新加坡購物戰區

市區藥妝、三大超市、特色名產、創意小物，多樣特色買到開心。

▲ 新加坡道地美食

介紹美食薈萃的新加坡熟食中心、特色紀念品、在地菜色與料理。

資訊符號解說

http	官方網站
✉	地址
☎	電話
⏱	開放、營業時間
休	休息
$	費用
➡	交通方式
🛈	重要資訊
MAP	地圖位置
APP	APP軟體

認識新加坡
About Singapore

新加坡，是個什麼樣的國家？

新加坡位於東南亞，才不過50多年的時間已從小漁村發展到富庶的國家。

多元種族和文化讓這塊土地增添了更多色彩，和無限的可能性。

新加坡速覽

小巧但充滿活力的城市國家！

地理 | 位於南海，緊鄰馬來西亞

　　新加坡的完整國名為新加坡共和國(Republic of Singapore)，面積約為720平方公里(約為台灣的1/50)，位於馬來半島的南方，有兩條堤道連結著新加坡和馬來半島，是個城市國家，因此新加坡的首都即為「新加坡」。新加坡是由新加坡島和附近大大小小的63個島嶼組成，其中以觀光最知名的小島為聖淘沙(Sentosa)。

新加坡地理位置圖

泰國　寮國　越南　南海　菲律賓　菲律賓海
芭達雅　柬埔寨
泰國灣　胡志明市
安達曼海
汶萊　西里伯斯海
馬來西亞　棉蘭　吉隆坡
新加坡
印尼
印尼　爪哇海　印尼
雅加達
萬隆

認識新加坡

新加坡小檔案 02

歷史 | 受西方與亞洲多國影響

由於坐落在馬來半島最南端，新加坡自古以來即為海上貿易的重要樞紐。西元1819年英國副總督萊佛士(Raffles)登陸新加坡，將新加坡設為海上貿易站，吸引了許多中國、印度及其他地方的移民。1942年日軍擊敗英軍入侵新加坡，造成三年多的日領時期，直到1945年日本投降為止。隨後英軍重返新加坡，1946年新加坡又成為了英國的直屬殖民地。1963年新加坡和馬來亞、沙巴(Sabah)、砂勞越(Sarawak)組成馬來西亞聯邦，但在不到兩年的時間，新加坡於1965年8月9日脫離聯邦，成為獨立的民主國家，首任總理為華人政治家李光耀。

在這塊小巧的土地上，新加坡作為年輕的亞洲國家，有著多元種族、宗教、語言和獨特想法，無論是經濟或是科技上，都在世界嶄露頭角。

萊佛士的紀念雕像(照片提供／吳家萱)

新加坡小檔案 03

國旗 | 星月旗象徵新興國家

新加坡的國旗又稱為星月旗。新月代表著剛嶄露頭角的年輕國家。5顆五角星星分別代表著民主、和平、進步、公正、平等。紅色表示人人平等和友誼，白色則象徵著純潔與美德。在國慶日期間都可見到家家戶戶懸掛國旗的景象。

國徽 | 新加坡與馬來西亞的羈絆

新加坡國徽中間以國旗為基礎，新月和5顆星的意涵與國旗相同。左側的魚尾獅代表著新加坡，右側的老虎則代表馬來西亞，其意味著新加坡和馬來西亞之間的羈絆。下方的字樣「Majulah Singapura」為馬來文，意思為「前進吧！新加坡」，這句話同時也是新加坡的國歌主題。

新加坡小檔案 04

氣候 | 四季如夏，熱情豔陽普照南方島嶼

新加坡為熱帶雨林氣候，通年高溫潮濕，若長住新加坡則會發現人們並不太在意氣溫，因為每天溫度變化並不大。10月～1月之間降雨量大，6月～8月則是日照最強的時期。

	1月	2月	3月	4月	5月	6月	7月	8月	9月	10月	11月	12月
平均雨量(mm)	234.6	112.8	170.3	154.8	171.2	130.7	154.4	148.9	156.5	154.6	258.5	318.6
降雨天數	13	8	13	14	14	12	14	14	13	15	18	18
最高均溫	30.4	31.7	32.0	32.3	32.2	32.0	31.3	31.4	31.4	31.7	31.1	30.2
最低均溫	23.9	24.3	24.6	25.0	25.4	25.4	25.0	25.0	24.8	24.7	24.3	24.0

資料來源：新加坡氣象局　　新加坡氣象局網址：www.weather.gov.sg

新加坡小檔案 05

人口 | 外來移民是重要的勞動力

新加坡人口約580萬人(2019年4月),在這個移民國家,吸收了來自世界各地的菁英和勞動力,因此在新加坡街上會看到不同種族、聽到不同的語言,再加上各國的觀光客,讓新加坡有1/3的人口為外國人。

新加坡小檔案 06

航程 | 4小時可達,親子旅遊首選

從台灣至新加坡的航程約4～4.5小時,目前桃園機場和高雄小港機場均有直飛新加坡的航班。從桃園直飛的航空公司有中華航空、長榮航空、新加坡航空、酷航、捷星亞洲航空。高雄則有中華航空與酷航直飛新加坡。

新加坡小檔案 07

時差 | 與台灣沒有時差

新加坡和台灣之間沒有時差,因此對從台灣來的觀光客來說很方便。

新加坡小檔案 08

小費制度 | 服務費已含在帳單內

新加坡和台灣一樣並沒有給予小費的習慣,一般餐廳收費除了GST消費稅7%外,還會另外自動加上服務費10%,因此在餐廳點餐後的總額另外加上17%才是最終消費金額。若在街邊小攤或美食廣場用餐,則沒有這兩筆多餘的開銷。

新加坡小檔案 09

語言 | 人人都是雙語通

新加坡雖位在亞洲,卻是一個多種族融合的國家,官方語言有英語、華語(簡體中文)、馬來語、坦米爾語4種,但多數官方和公司行號的第一語言仍是英語。新加坡人多數都會講兩種語言,一為共通語言英語,另一種則是自己的母語。學校教育以英語為主,但除英語之外華人多選修華語,馬來人則選修馬來語課程。至於最令人有印象深刻的Singlish (星式英文),則是新加坡人日常生活中有趣的風景之一。星式英語融合了各種不同語言及方言的精髓,沒有在新加坡生活個幾個月,就很難掌握到星式英語的要領。

想要第一次使用星式英語就上手,可把握以下三要領:

1.英語加入中文的語助詞,例如:嗎(ma)、啦(lah)

2.省略主詞

3.加入其他語言或方言

以下為新加坡人的日常對話,請看看你能了解多少呢?

A:You want makan or not?

B:I makan liao.

A:Bojio.

請看下面解答

A:你吃了嗎?(makan為馬來文的吃)

B:我吃了。(liao相當於中文的了)

A:都沒揪我!(使用方言福建話的沒揪)

◀公車標語使用4種官方語言標記

新加坡小檔案 10

電壓 ｜ 出國前別忘購買轉接頭

新加坡的電壓為220～240V (伏特)，使用的插座類型為三扁平方角的三插孔。手機、筆記型電腦等充電器通常有轉換電壓功能，大部分家電如吹風機則沒有內建轉換電壓，若用轉接頭直接使用的話，有可能會燒壞電器且造成危險，使用前應先確認。

◀轉接頭要買三扁平方角的三插孔

◀新加坡的插座。右上角的開關使用時要打開，看到亮橘燈才是有在供應電源

新加坡小檔案 11

貨幣 ｜ 新幣與台幣匯率約為1:23

新加坡使用的貨幣為新加坡幣，簡稱新幣，英文的標記為SGD。新幣與台幣的匯率約為1:22.9 (2019/08/25匯率)。目前流通在市場上的紙幣面額有$10,000、$1,000、$100、$50、$10、$5、$2，面額新幣$50以上的紙幣不常見也不實用，可能會讓店家會有找不開錢的情況。硬幣則有1元、5角(50 cent)、2角(20 cent)、1角(10 cent)、5分(5 cent)，有許多販賣機無法使用5分的硬幣。

新加坡小檔案 12

宗教 ｜ 多元宗教和平共處

新加坡是個宗教自由的國家，主要的宗教有佛教、基督教、回教、道教和印度教，也有不少人沒有任何宗教信仰。因此在新加坡有香火鼎盛的佛教寺廟，也可以看到莊嚴潔白的教堂、禱告聲環繞的回教清真寺和色彩繽紛的印度廟宇。更重要的是在多元的宗教環境，大家都能互相包容、理解對方的宗教信仰。

經濟 | 具有全球競爭力的國家之一

在1960～1990年代與韓國、台灣、香港並稱亞洲四小龍。但數十年過去，新加坡卻大大領先了台灣。這些年新加坡是如何轉變成為異軍突起的亞洲新秀呢？除了積極吸引外資企業進駐，降低法人的稅率，並從原本的勞力密集轉口加工貿易，轉型為技術密集的工業國家。現在石油業、造船業、金融、電信產業，甚至是觀光和教育等，都成為新加坡經濟發展的推動力。雖然國土比起其他亞洲國家面積來得小、自然資源又少，但憑著明確的政策和政府的輔助，已成為亞洲最富庶的國家之一。

▲從繁華景象可看到新加坡成長的動力

治安 | 新加坡報警專線999

新加坡的治安非常良好，晚間的街道也總是燈火通明，少有暗巷及死角。政府在車站及各個公眾場合架設許多監視器，因此盜竊事件不算常見。但出門在外仍須提高警覺，尤其是人多的景點區域，小心保管自身財物及留意人身安全才能有一趟愉快的旅程。

營業時間 | 商家多於21～22點打烊

大多數賣場的營業時間為10:00～21:00，視地區和商家而略有不同。餐廳則多營運至晚間21:00～22:00。銀行大多營業時間為週一～五09:00～15:00，但近年來銀行競爭激烈，不少銀行延長營業時間，甚至週末也正常營運。

禁忌 | 避免討論宗教、政治敏感話題

在當地除了應遵守旅人的基本禮儀，如不要亂丟垃圾、塗鴉、無視交通號誌，另外要特別注意的是禁止攜帶、嚼食口香糖！此外，宗教多元的新加坡有不少回教徒，應避免與回教徒提到對他們來說是不潔之物的豬的議題。在台灣我們習慣於言論自由，但需避免在新加坡的公眾場合談論政治議題、參與政治活動。

◀在新加坡應保持尊重多元宗教的基本禮儀

認識新加坡

路上觀察 新加坡實用APP

在新加坡有許多方便的APP可以靈活運用在生活之中,停車場繳費可以直接用手機APP付款、家裡的門鈴也可以手機APP應答,還有點餐、購物等有助於生活便利的APP,不勝枚舉。

常見APP介紹

(製表／張念萱)

交通類		功用
Grab	Grab	無論是私家車或計程車都可以用Grab來叫車,是目前在新加坡最廣為使用的叫車系統。
GoJek	GOJEK	與Grab相似,可同時使用兩種APP叫車比價。
新加坡地鐵通		所有新加坡地鐵的轉乘資訊都可以在裡頭查到。
My Transport		無論是公車、地鐵,大眾運輸的轉乘資訊皆可在此APP查詢。
SG Buses		只有搭乘公車的話建議使用此APP,介面簡單好懂。
Ichangi		樟宜機場所有航班資訊一次網羅,吃喝玩樂資訊的更新也一目瞭然。

外送類		功用
foodpanda		世界知名的外送服務APP,與當地小吃攤也有合作。
Deliveroo		來自英國的外送服務APP,但合作的餐廳數量較少。
Grabfood	Grab	合併在Grab APP內,是最多新加坡人使用的外送平台。

生活資訊		功用
Nestia		除了交通資訊外,租屋買房、求職招聘資訊都一應俱全。
PropertyGuru	SINGAPORE	堪稱新加坡最大的房源搜尋網,想要租屋買房都可以在上面尋找。
Popcorn		可搜尋每日不同戲院的上映時間、優惠活動,可直接在平台上買票。

行前準備
Preparation

出發前，要預做哪些準備？

新加坡旅遊需要簽證嗎？傳統與廉價航空如何抉擇？新幣如何兌換才最划算？
本章節替你一一解惑。

旅行證件與保險

擁有護照與簽證才能快樂前往目的地！

申辦護照

誰需要申辦護照？

■已持有護照但護照即將過期：若護照在出發前有效日期不足6個月，需前往外交部領事事務局辦理新護照。

■尚未持有護照或護照已過期：攜帶必備文件前往外交部領事事務局辦理新護照。

申請護照必備文件

■護照申請書(網上可下載，辦理服務台亦可現場索取)。

■6個月內拍攝的照片2張，符合護照用規格(4.5×3.5公分)：光面白色背景、半身、正面、脫帽、露耳、露眉毛，不可戴角膜變色片和粗框深色眼鏡，眼鏡不可遮到眼睛。

■若為換發護照，舊護照需一併帶去。首次申辦者不用。

■身分證正本與影本正、反面各一份。

■未滿20歲需有父親、母親或監護人的身分證正本與影本正、反面各一份。

■申辦費用為台幣1,300元。

■一般護照申辦、換發為4個工作天。護照遺失補發則需5個工作天。

■若需要提前領取護照，每提前1個工作天需加價台幣300元，最多可提前3個工作天。

護照這裡辦

外交部領事事務局

✉ 台北市中正區濟南路1段2之2號3～5樓

☎ (02)2343-2888

ℹ 護照查詢專線：(02)2343-2807、2343-2808

🌐 www.boca.gov.tw

外交部中部辦事處

✉ 台中市南屯區黎明路2段503號1樓

☎ (04)2251-0799

外交部雲嘉南辦事處

✉ 嘉義市東區吳鳳北路184號2樓之1

☎ (05)225-1567

外交部南部辦事處

✉ 地址：高雄市前金區成功一路436號2樓

☎ 電話：(07)211- 0605

外交部東部辦事處

✉ 地址：花蓮縣花蓮市中山路371號6樓

☎ 電話：(03)833-1041

開放時間：週一～五(國定假日不開放)
　　　　　08:30～17:00(中午不休息)
便民服務：每週三延長收件和發照至20:00

簽證

持中華民國護照入境新加坡觀光，停留30日以內免簽證，也無需辦理落地簽證。建議旅客除持有6個月以上有效期的護照外，應準備回程機票以供查驗。

國際駕照

若想在新加坡自駕，需在台灣先換好國際駕照。新加坡為右駕、停車費用高昂，公眾運輸方便且價格合理，因此自駕並不是多數旅人的選項。

申辦國際駕照必備文件

- 身分證正本。
- 原領之駕駛執照正本(普通輕型機車駕駛執照不得申請國際駕照)。
- 最近2年內拍攝之2吋照片2張。需為彩色光面素色背景、脫帽、五官清晰，正面、半身。
- 護照影本。
- 申辦費用為台幣$250元，1小時即可領取。
- 相關資訊查詢，請上各縣市監理所網站再搜尋「國外駕照」。

國際學生證ISIC
(International Student Identity Card)

凡教育部公布認可學校之在校生，均可申辦國際學生證。國際學生證可在全球使用，但各國可享有的優惠各有不同，建議申辦前可至ISIC新加坡網站查看。近年國際學生證的優惠已不只博物館門票，連租車服務、訂房網站，甚至是外送平台都有折扣。

http 新加坡國際學生證ISIC優惠資訊：www.isic.com.sg/discounts/

申辦方法

- 2019年3月起國際學生證一律為線上申辦，取件則可選擇櫃檯自取(僅限台北辦公室)或選擇郵寄服務。
- 申辦費用：台幣400元(採固定效期從當年9月至次年12月)。
- 申辦網址：www.isic.com.tw/jsp/tw/home/ch/apply-for-card.jsp

旅遊醫療保險

出門在外誰都不願意發生意外，但若真的發生了要如何把負擔降到最低，這時候保險就占了很重要的角色。若跟隨合法旅行團出遊，依照法律規定旅行社需替旅客保旅行責任險，但理賠的範圍很有限，通常為最低理賠金的身故200萬元及醫療賠償3萬元。自由行的旅人就更沒保障了，發生了事情需要全數自理。新加坡的醫療昂貴，沒有保險的外國人，只是看個小感冒就需要台幣800～1,000元以上，若發生重大意外需要手術、住院，是筆龐大的開銷。建議與旅行團出遊的旅客，出發前與旅行社確認保險的內容；自由行的旅客可自行尋找保險公司投保，最遲在機場出境大廳亦有許多保險公司可當場購買。

旅遊不便險

旅遊不便險主要是針對班機延誤、行李延遲抵達或遺失來理賠。保險的契約中條款不盡相同，建議細讀以了解自身權益。班機延誤也有分成4小時、6小時，甚至是延誤12小時才能理賠的保險，部分保險公司採食宿實報實銷，記得將所有的收據收妥，並和航空公司地勤索取延遲證明書。與旅遊醫療保險相同，可在出發前於機場大廳購買保險。

規畫機票與航班

該在什麼時候出發？要買哪家的機票？

購買機票的考量點

若要採自助方式遊新加坡，最首要的規畫就屬機票和飯店了。

- **旅遊的日期**：若已有指定的旅行日期，首要考量當然是出發和回程機票。但若沒有時間壓力，不妨避掉週末和連假較昂貴的日子。
- **價格**：台灣至新加坡有傳統航空與廉價航空的選擇，一般來說廉價航空的票價較低廉，但在某些特定假期可不一定，因為一票難求所以也不那麼廉價了。
- **航班時間**：若想在晚上好好睡上一覺，建議避免搭乘紅眼航班。利用白天搭乘飛機雖然會損失一天旅遊日，但半夜在機上過夜，有可能得花1～2天將失眠補回。
- **機艙舒適度**：航程中的舒適度取決於座位的寬度和雙腳的伸展位置，傳統航空中若想要搭得舒服點，需要花好幾倍的錢選購商務艙，但現在有了廉價航空，不妨加錢購買豪華經濟艙或逃生口旁的座位，價格有時比傳統航空經濟艙便宜但椅距更大。
- **其他(機上娛樂、餐點)**：一般傳統航空備有完整的機上娛樂，讓你從台灣到新加坡的4個多小時航程絕不無聊，再搭配上餐點的服務，感覺一下就飛到新加坡了。但搭廉價航空也可帶本書打發時間，或是睡個覺養精蓄銳為接下來的旅程做準備。

直飛航班

目前桃園直飛新加坡有5家航空公司、高雄2家航空公司。若選擇不直航班機則會有更多，但時間相對來說也會浪費不少。廉價航空桃園←→新加坡來回票價約台幣6,000～8,000元，傳統航空則是台幣9,000～12,000元左右。淡、旺季的票價差價大，建議若想在連假期間出遊，早早預購好機票和飯店才是上策。

桃園直飛(航空公司代碼)	高雄直飛(航空公司代碼)
中華航空(CI)	中華航空(CI)
長榮航空(BR)	酷航(TR)
新加坡航空(SQ)	
酷航(TR)	
捷星亞洲航空(3K)	

(製表／張念萱)

- **各航空公司官方網站**
  - http 中華航空www.china-airlines.com
  - http 長榮航空www.evaair.com
  - http 新加坡航空www.singaporeair.com
  - http 酷航www.flyscoot.com
  - http 捷星亞洲航空www.jetstar.com

傳統航空與廉價航空費用比較表

	傳統航空	廉價航空
託運行李	**免費** 在指定重量內可1件免費託運(通常為20kg)	**需付費** 託運行李全部需另外付費,依重量不同價格會有變化,若在機場臨時加買費用會相當昂貴
餐食	**免費** 台灣至新加坡4小時航程會提供一餐	**需付費** 可在線上預購或機上現場購買
選位	**免費** 根據票種不同會有一部分的座位開放在網路上選購,在機場也可請地勤人員幫忙安排	**需付費** 可在線上購票時加購順便選位,若不願加購則在機場以電腦隨機選位。若是要求地勤安排偏好座位(例如靠窗、靠走道)常會被要求多加選位費
改日期	**根據票種規則** 購票前需看清楚票種規則,就算是傳統航空,近年來無法更改航班,或是需加錢更改航班的機票也不少	**需付費或無法更改** 若搶到特別便宜的特價票,要有加錢也無法改票的心理準備。有些加錢可更改的機票,改票的手續費比機票還貴,切勿衝動消費
哩程累積	傳統航空皆有哩程累積服務,訂票前記得先申辦會員	多數廉價航空不提供哩程累積服務

(製表/張念萱)

傳統航空訂票步驟
Step by Step

以中華航空為例:

Step 1 挑選起點與終點

進入已選定之航空公司的官方網站,選擇出發以及目的地進行搜尋。

Step 2 挑選日期

針對預定的旅行日期挑選航班,有來回與單程的航班選項。

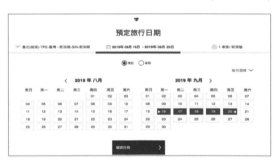

Step 3 選擇人數與艙等

0～2歲為嬰兒,2～12歲為兒童,12歲以上則為成人。歲數的計算是以搭乘日期為準,訂票時若未滿2歲,但搭乘日為2歲3個月,則視為兒童。繼續選擇艙等,傳統航空多分為商務艙、豪華經濟艙、經濟艙三種艙等。

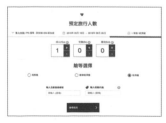

Step 4 選擇去、回程航班

若一天內有多個航班，可依照喜好選擇，但價格也會略有不同。

航班選擇

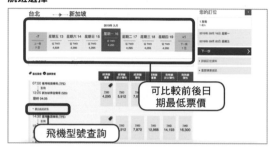

可比較前後日期最低票價

飛機型號查詢

挑選班次

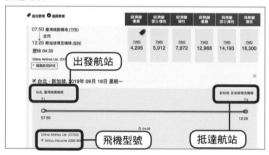

出發航站

飛機型號

抵達航站

Step 5 確認航班

日期和航班時間及人數務必確認清楚。

Step 6 會員登入

會員多為免費加入，登入後可自動累積哩程。

Step 7 填寫旅客基本資料

最容易犯的錯誤為姓和名填寫顛倒，購票時請多檢查一次。

資料確認

Step 8 線上付款

完成付款後不妨將訂位紀錄列印，和護照放在一起。

廉價航空訂票步驟 Step by Step

以酷航為例：

Step 1 進入官網

進入已選定航空的官方網站，選擇出發及目的地、日期、人數，若有折價代碼不要忘記按進去填寫！

促銷代碼這裡填

Step 2 選擇去、回程航班

　　若一天內有多個航班，可依照喜好選擇，但價格也會略有不同。

去程航班

　　航班選項

回程航班

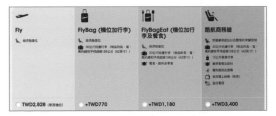

　　航班選項

　　點選欲訂購的航班後會有加值服務的選項。原始顯示的票價並不包含託運行李、餐食。

Step 3 填寫旅客基本資料

　　最容易犯的錯誤為姓和名填寫顛倒，若在機場才發現非常麻煩，購票時記得檢查。

Step 4 選擇加值服務

　　由於廉價航空除了機票外，也靠各項加值服務賺錢，因此在預定過程中會不斷出現加購的選項。乘客可依照自己的需求加選。其中最多人選購的服務為託運行李和預選座位。

託運行李有多種重量選項

託運行李 ❓

馬上購買並節省 30%。別讓行李過重費用破壞了你的度假好心情！

隨身行李僅能多加一件

附加隨身行李 ❓

隨身行李限重 10 公斤（一件 + 筆記型電腦 / 手提袋）

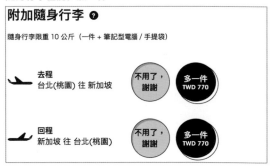

附加餐點的選項

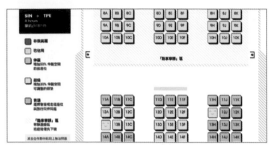

▲廉航也可以選擇座位，但大多需收費

Step 線上付款

在付款前有「靈活預定」的加值選項，因為廉價航空的機票都不能做日期和航班的更改，若計畫有變更則整張機票作廢，不確定自己行程的旅客，不妨花點小錢購買機票更改的權益。(可更改的次數與條款記得詳讀！)

▲有可能更改計畫者建議添加靈活預定服務

▲其他如無線網路、優先報到登機等服務都需收費

機票艙等要看仔細

就算同是經濟艙的機票，也會有好幾種不同的艙等分別，例如N艙、Y艙等註記，其中包含了機票可使用的天數、哩程可累積的比例和更改機票的規範等。

行家祕技　當地門牌怎麼看

新加坡的門牌看法和台灣不一樣，台灣習慣將整個地址寫在一塊門牌上，但在新加坡「大牌」往往都是直接標誌在建築物上，讓人可以一目瞭然。

舉例來說，若想要尋找Orient Success Coffee地址如下：

▲建築外觀寫著大大的623 Elias Road，當地人稱此為「大牌」

623 Elias Rd, #01-01
棟、座　　街道名　　1樓 此棟號碼
Singapore 510623
　　　　國名　　郵遞區號，前2碼為區域號碼

進入建築後會發現店門口小小的門牌，有時候標誌非常小，要仔細看才找得到

行程規畫

前往未知國家，開始期待的旅行。

出國旅行最重要且令人期待的部分，應該就是「行程規畫」了吧！尤其是第一次前往未知的國家，總是讓人既期待又緊張。若不知道當地的情況和環境，在計畫行程時多了分難度。讀完這章節可讓你對新加坡旅遊有大致的安排方向。

選擇適當的旅遊方式

我適合怎樣的旅遊模式？依照時間、同行者，分析出優劣點，就能決定如何旅遊。

跟團、自助、半自助遊程比較表

	合適對象	費用	優點	缺點
跟團	·沒時間規畫行程 ·出門旅行只想放鬆 ·帶小小孩、老人家同行 ·對國外自由行沒有信心 ·喜歡聽導遊講解當地歷史地理	依照旅行社行程而定，從平價～高檔價位皆有	·不用煩惱每日行程、食宿交通 ·遊覽車代步，輕鬆觀光 ·可和同團旅客聊天、交流 ·基本景點不會錯過 ·費用可能會比自助行低	·須遵守集合時間，想看的景點無法待久 ·浪費時間在沒興趣的地方 ·餐食不合胃口 ·被拉去土產店強迫消費 ·與同團旅客不合
自助	·喜歡規畫自己的行程 ·有探索新事物的好奇心 ·不喜歡受到拘束 ·已有許多想去的景點 ·喜歡和三五好友或自己一個人出遊 ·預算上有所限制	可以自己控制預算，無論是想要走一趟奢華之旅抑或是節儉方案，自助行都可以辦得到	·時間安排上完全的自由 ·視天氣安排行程 ·可以一一吃遍自己喜愛的美食 ·不用擔心被導遊推銷買土產，或和同團旅客合不來 ·旅程可長可短	·花時間安排行程。有可能與同行友人發生意見分歧 ·若沒有自制力，很有可能每天睡到下午 ·搭乘公眾交通工具轉乘時麻煩 ·花費時間找路、找店 ·語言不通造成的誤會
半自助 (基本上為自助旅遊，但購買1日遊行程摻雜在其中)	·喜歡自選機票、飯店 ·需要一部分私人行程 ·沒太多想法，先訂好機票飯店，其餘的到當地再想	根據所選的行程而定。飯店、機票則視自己的預算來調整	·能擁有自由的時間 ·交通麻煩的地方跟團，容易抵達的地方自由行 ·可選擇想住的飯店 ·可同時享有自助旅行的自由，又有跟團的便利	·若至當地才購買1日遊行程，有指定日期不成團的可能性 ·由於對當地旅行社不熟悉，不了解旅行社的行程品質 ·某些行程只有英文解說，可能會有語言上的障礙

(製表／張念萱)

認識新加坡節慶

了解當地假日，避開擁擠的放假人潮。行前規畫時不妨參考新加坡的國定假日，不管是想要避開連假的人潮，或是想要和新加坡當地人一同歡慶節慶，都很值得列入行程的規畫之中。

新加坡節慶一覽表

節慶名稱	日期	特色
元旦 New Year's Day	1月1日	慶祝完跨年後，1月1日一起迎接嶄新的一年。新加坡知名景點濱海灣、聖淘沙等地方，每年此時都會湧入洶湧的人潮，熱鬧非凡。
華人新年 Chinese New Year	農曆正月初一、初二 (每年有所更動)	華人一年中最大的節日。新加坡人習慣穿新衣、帶著橘子去親朋好友家拜年，此時牛車水中國城也有不少慶祝新年的傳統活動，值得去看看。
耶穌受難日 Good Friday	復活節前的週五 (每年有所更動)	耶穌受難日是屬於基督教的節日，在這一天不少教堂都會舉辦特殊的活動，紀念耶穌的受難和死亡。基督教人口占新加坡約18%，雖然慶祝此節日的人不占多數，但不少商家會連著復活節一併推出促銷活動，小朋友喜愛的彩蛋彩繪和餐廳主打的的復活節大餐都很受歡迎。
勞動節 Labour Day	5月1日	新加坡和其他國家一樣，在勞動節這天所有的公司行號都放假，但各大賣場照常營業，還不時推出假日折扣，不少人趁著這天假日大肆採購一番。
衛塞節 Vesak Day	農曆第4個月的第15天 (每年有所更動)	佛教徒會在這一天前往廟宇，紀念佛陀誕辰、悟道、圓寂。若在這天拜訪新加坡，不妨去各大廟宇走走。
開齋節 Hari Raya Puasa	伊斯蘭教第10個月 (每年有所更動)	Selamat Hari Raya!這是在開齋節常看到的問候語，意思是「慶祝快樂的一天」。開齋節對新加坡的回教徒來說是每年最大的節日，除了到清真寺祈禱之外，全家人會穿著相同顏色的衣服一同出門拜訪親朋好友，鮮豔的衣著在路上相當顯眼。這也是回教徒結束一個月齋戒的時候，若在此期間拜訪新加坡，可以感受到濃濃的回教新年氣息。
國慶日 National Day	8月9日	新加坡於1965年8月8日退出馬來西亞聯邦，於8月9日宣布獨立。國慶典禮通常在濱海灣舉行，跳傘和軍機飛越會場的橋段是每年不可錯過的表演。
哈芝節 Hari Raya Haji	伊斯蘭教曆 12月10日 (每年有所更動)	哈芝節是伊斯蘭教中重要的節日，是用來紀念亞伯拉罕對真主的服從及信仰。這一天回教徒們會穿著新衣、聚集在清真寺聆聽布道。在清真寺也會有綿羊獻祭的活動，結束後會將羊肉分送給需要的人們。若在此期間拜訪新加坡，不妨去蘇丹回教堂走走，周圍販售著不少清真美食。
屠妖節 Deepavali	印度曆7月的第1天 (每年有所更動)	屠妖節又稱為排燈節，是慶祝正義戰勝邪惡的日子，也可說是新加坡夜晚最燦爛的節日。印度教教徒會在此節日於自家門上布置幾何圖形的花樣圖案，人們穿著印度傳統服飾穿梭其中，鮮豔的顏色令人驚嘆不已，彷彿自己身處在印度一般。雖然印度教徒在新加坡只占了5%，但此節日極具濃濃的印度色彩，成為海外觀光客喜愛的重要節日之一。
聖誕節 Christmas Day	12月25日	聖誕節已經成為世界性節日，因此雖然在新加坡基督徒並不算多數，大部分的新加坡人都會慶祝聖誕節。不管是百貨公司的大拍賣、浪漫的聖誕節大餐，同事、朋友之間舉行的交換禮物，這些活動都讓新加坡的聖誕節熱鬧非凡。更特別的是，在四季如夏的新加坡，你可以過一個穿著短褲拖鞋的溫暖聖誕節，是不是聽起來很吸引人呢？

(製表／張念萱)

認識當地物價

了解新加坡的基本物價後，即可設定此趟旅程的預算了。

當地基本物價表

項目	參考價格(新幣)	說明
礦泉水	$1	若想購買礦泉水，可以在超市購買，會比在便利商店或餐廳便宜不少。
茶、咖啡	$1.8	新加坡人每天習慣來杯茶或咖啡，在咖啡店(Kopitiam)享受一下悠閒的早餐時光。
福建麵、魚丸麵等小吃(熟食中心)	$3～5	熟食中心(Hawker Center)是一般新加坡人解決三餐的地方，雖然沒有餐廳典雅的用餐環境，但是美味的道地小吃只有這裡才吃得到。
餐廳用餐	$20～50	在新加坡的餐廳用餐並不便宜，因為結帳時要額外支付餐廳服務費10%和GST消費稅7%。
公車、捷運3日票	$25	新加坡的大眾運輸票價相當公道，若已規畫好行程，可以上網計算該日車資。若想要購買無限制搭乘的票券，建議購買3日票$25最適合旅客。
計程車起價	$3起	計程車起價和台灣差不多，另有夜間加成、機場出發加成等額外服務費用。
背包客多人房	$15起／每床	近年來有不少受到青年人喜愛的背包客旅社，內裝新穎且位置方便，適合預算有限且不介意和別人共用房間的旅客。
一般商務旅館	$140起／雙人房	介於中間價位的商務旅館最受到一般自助旅行者的歡迎，雖然房間不大但仍可享有自己的獨立空間。
四星以上飯店	$250起／雙人房	新加坡有許多四星級以上的飯店，對住宿方面預算較充裕的旅人可考慮。

（製表／張念萱）

外幣兌換

兌換足夠的目的國家貨幣，才能開心旅遊喔！

新加坡和台灣一樣，大部分的商家都接受現金和信用卡。除了路邊攤子和熟食中心不收信用卡外，在便利商店刷卡也是非常普遍的。新加坡對旅人來說非常方便的一點就是外幣兌換新幣地點很多，除了銀行之外，街上的換錢所也不少，營業時間長再加上匯率往往比銀行好，因此新加坡人也常去換錢所兌換。若不想要換太多新幣怕花不完，不妨先在台灣換一部分，到新加坡後不夠再去換錢所兌換。

台灣換幣

若想在台灣先換好新幣，建議可使用銀行線上結匯，匯率比當天銀行告牌匯率好，也可以選擇想要的面額，更重要的是可以省下在銀行排隊的時間。

線上換匯Step by Step

Step 1 前往官網

前往臺灣銀行線上結匯頁面，網址fctc.bot.com.tw

Step 2 選擇幣別和提領分行

可以選擇自己方便領取的分行，通常都會有線上結匯用專用窗口可直接領取。

新加坡幣 SGD 現鈔

桃園國際機場分行 - 第一航廈

Step 3 選擇面額

在新加坡最好用的面額為紙鈔$10，紙鈔$100很難找開，建議盡量避免使用。

選擇面額

Step 4 交易基本資料及繳款

填寫個人資料以及指定領取日期、領取分行、繳款方式。

基本交易資訊

Step 5 領取外幣

成功繳款後會收到Email通知，記得依照自己選定的指定日期和地點前往領取。

新加坡換幣

在新加坡當地兌換有多種方式，說明如下：

■ 下飛機直接在樟宜機場的銀行櫃檯兌換：樟宜機場有非常多銀行進駐，各銀行匯率略有不同，但常常匯率比台灣的銀行還要好。

■ 市區的換錢所兌換：以下為許多換錢所聚集的大樓，因為店鋪眾多競爭激烈，因此匯率也相對的好，這些地方都是觀光客眾多且捷運可以輕易抵達之處。

・萊佛士坊Raffles Arcade (MRT萊佛士坊站)
・幸運商業廣場Lucky Plaza (MRT烏節站)
・慕斯達發中心Mustafa Centre (MRT小印度站或花拉公園站，介於兩站之間)
・珍珠坊換錢所People's Park Complex (MRT牛車水站)

■ 用APP查詢換錢所匯率。

用APP尋找最佳匯兌處

使用APP「Get4x」可輕鬆得知哪裡的匯率最好。

Get4x使用步驟Step by Step

Step 1 輸入幣別與金額

在畫面下方輸入你有的幣別金額及欲兌換的幣別。

行
前
準
備

Step ② 選擇換錢所資訊

記得選取上方 ALL，會出現較多換錢所的資訊。能換得的金額也會直接顯示在地圖上面。

輸入欲換的金額

選擇台幣 TWD

Step ③ 尋找換錢所

將地圖放大，可照自己方便的位置，尋找匯率較好的換錢所。

Step ④ 確認換錢的地點

按進去後會出現換錢所的店鋪照片、匯率、地址和營業時間。使用這個APP可以讓旅客在換錢之前了解當天的匯率，也可以節省在街上尋找換錢所的時間。

跨國提款

跨國提款除了有匯率較高的考量，還會有每筆台幣100～200元不等的手續費，因此直接使用信用卡功能可能更划算。新加坡提款機若上方有PLUS或CIRRUS圖案，都可使用海外金融卡提款，當然你自己的卡片上也必須有PLUS或CIRRUS等字樣。

▲提款前看清楚ATM機台上方標示　▲ATM多有中文選項，不需擔心語言問題

旅行支票

旅行支票在新加坡並不盛行，需要至銀行換取現金後才能使用。但受限於銀行的營業時間及地點，若只是來短期旅遊則不特別推薦，建議還是以現金及信用卡較方便。

信用卡

新加坡使用信用卡相當普及，若使用台灣的信用卡，匯率則以該銀行為準。部分金融卡若想在國外使用需要特別開通海外功能，建議在出國前先與銀行確認。

行李打包

前往熱帶國家防曬不可免，但也須攜帶外套。

新加坡每日溫度都約為28～32℃，和台灣的夏天差不多，由於新加坡接近赤道、陽光強烈，因此防曬的配備不可少。基本的防曬乳、太陽眼鏡是必備，若想做徹底一點則可以選擇防紫外線的衣著。

重物放底部

將重物收納在行李箱底部，在行李箱直立拖行的時候會比較安定。另外重物放底部也比較不容易在豎起時壓到其他物品。

衣物用卷收

衣物用捲的不但可以節省空間，重要的是可以一目暸然，不會因為衣物堆疊在一起而找尋時需要全部拿出來。部分衣物可用壓縮真空袋來做收納，節省更多空間。

▲可壓的重物放底部，衣物可用卷的來收納

100毫升以上液體必託運

由於飛航安全考量，超過100ml的液體一律只能託運。若罐子為300ml但內容物少於100ml仍無法帶上飛機。因此打包行李時需特別確認液體的容量。

▲100ml以下液體類可放在手提行李

使用收納袋

現在市面上販售不少旅遊專用的收納袋，尺寸大大小小，從鞋子到盥洗用品使用一應俱全，除了可將零散物品收納外，也替找尋物品省下不少時間。

▲收納袋尺寸多，可靈活運用

貼心 小提醒

在新加坡不可或缺的「外套」

新加坡人習慣把室內的冷氣溫度調到很冷，因此常常造成室內外溫差大而感冒。來新加坡觀光的旅客務必隨身攜帶一件薄外套，室外可遮陽、室內可禦寒。

行前準備

行李檢查表

✓	物品	說明
隨身行李(斜肩包+後背包)：證件、現金、信用卡、相機、手機等貴重物品必須隨身攜帶。		
	護照正本和影本	護照有效期限至少剩6個月，可影印備份。正本與影本建議分開存放。
	機票	除了E-mail及螢幕截圖外，可列印紙本以防萬一。
	國際駕照	自駕者必須攜帶，台灣正本駕照也要一併帶著。
	現金	避免攜帶大量現金，並分開存放分散被盜竊的風險。
	信用卡	至少帶2張信用卡，確認每張卡的刷卡額度、海外提領現金功能。先把銀行掛失專線抄下以防萬一。
	手機	確認是否有國際漫遊功能，建議充電線也隨身攜帶。
	相機	確認記憶卡和電池的狀態。
	記事本	可隨手記下電話號碼或住址，並記錄旅途趣聞。
	筆	筆是非常重要的隨身配備，別忘了要填寫入境表格。
	旅遊書	個人覺得好用、攜帶方便的旅遊書。
	通訊錄	寫下新加坡、台灣可緊急聯絡的親朋好友住址、電話。
	行動電源	因飛安考量不可託運，一定得隨身攜帶喔！
	外套	室內冷氣超強，外套可說是新加坡旅遊必備。
	面紙、手帕	許多餐廳並不提供免費面紙、濕紙巾，建議隨身攜帶。
	藥品	個人常備藥品建議隨身攜帶，以備不時之需。
託運行李(旅行箱)：日常用品類。另外，100毫升以上的液體類用品只能託運。		
	衣物	基本上以夏季衣物為主，記得帶件薄外套。
	盥洗用品	個人慣用的盥洗用具，若有需要當地亦可購買。
	生理用品	個人慣用的生理用品，若有需要當地亦可購買。
	化妝、保養品	當地氣候炎熱潮濕，可考量氣候選擇適當化妝、保養品。
	防曬用具	防曬乳液、太陽眼鏡。
	充電器	手機、平板、電腦、相機的充電器和充電線。
	轉接頭	新加坡規格的轉接頭。
	鞋子	一雙好走的布鞋和一雙涼鞋，拖鞋在新加坡也很實用。
	泳衣	若有計畫從事水上活動，千萬不要忘記帶泳衣。
	雨具	折疊式雨傘。
	環保袋、旅行袋	小的環保袋在購物時使用。大的旅行袋可預防回程行李增多時使用。
個人備註		

單日預算預估表

物品	價格(新幣)	說明
早餐	$5	可到一般早餐店享用美味的傳統新加坡式早點，像是一份咖椰吐司和一杯熱奶茶。
午餐	$10	午餐可到熟食中心(Hawker Center)享用傳統道地的新加坡小吃。
晚餐	$25	若晚餐想要吃豐盛一點，不妨找間餐廳慰勞一下一整天旅途的辛勞。若想要品嘗辣椒螃蟹此類有名的海產料理，一個人的預算得提高至新幣$100。
車費	$10	整天搭乘大眾交通工具的話，可考慮購買3日券25元，平均1天不到新幣$10。
博物館、動物園門票	$40	新加坡的博物館、動物園門票都不便宜，建議在出發前購買預售票，或是找尋優惠的組合票券。
一日全額	約$90起	新加坡的飲食和交通其實花費不高，唯獨各遊樂園、動物園的入場門票價格不斐。許多知名景點不需要門票，例如魚尾獅公園、濱海灣金沙購物商城。

機場篇
Airport

抵達機場後，如何順利入出境？

新加坡樟宜機場擁有4個航站，起降的航班多、機場內設施完備。
本章節將詳細介紹機場內各項設施，和前往市區的交通方式。

認識新加坡樟宜機場

獲獎無數、盡善盡美的國際機場。

雖然新加坡人口只有5百多萬人，但樟宜機場的規模如此龐大，除了正在使用的第一～第四航站，第五航站也在建設當中。樟宜機場每週有超過6,600趟航班，平均每90秒就有一台飛機起降。作為東南亞的航空轉運站，機場內完善的設施、中轉過境旅遊服務，可說做到盡善盡美。從1981年啟用以來，已獲得大大小小360多個獎項，其中包含SKYTRAX票選出的2019年世界最佳機場獎。

樟宜機場航站平面圖

　　樟宜機場所在地是海埔新生地，從無到有、再從有到世界第一，多數旅客來到樟宜無不讚歎各項服務設施。除了廁所頻繁地打掃、過境區域能席地而坐(躺)的地方多、充電站容易找、免費Wi-Fi快又沒有流量限制，服務台也是到處皆有，餐廳的價格從高到低，不會因為身在機場就感覺被坑一筆。如果有時間在樟宜機場四處看看，不妨注意一下各種小細節吧！

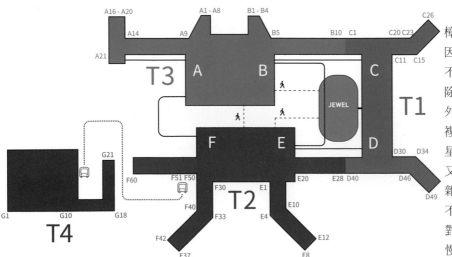

許多第一次來到樟宜機場的旅客，因為太多航站而搞不清方向，而現在除了4棟航站樓外，還新增了大型複合式商場JEWEL星耀樟宜，可說是又增加了移動的複雜度。如果真的摸不著頭緒，不如就對照右方的表格慢慢走吧！

圖片參考：新加坡樟宜機場官方網站www.changiairport.com

▲2019年SKYTRAX世界最佳機場獎   ▲樟宜機場第三航廈出境大廳

各航站往返通行建議

可搭Skytrain、巴士或步行。**請注意：**

1. Skytrain運行時間為05:00～02:30。每4分鐘一班，每段車程約4分鐘。Skytrain非運行時段可改搭接駁巴士。

2. 所有樟宜機場內互聯交通都為免費。

（製表／張念萱）

前往	第一航站T1	第二航站T2	第三航站T3	第四航站T4	星耀樟宜JEWEL
第一航站T1		可搭Skytrain（停駛時間可至離境大廳5號門搭乘接駁巴士）	可搭Skytrain（停駛時間可至離境大廳5號門搭乘接駁巴士）	須先前往T2後，再由T2搭T4接駁巴士	與JEWEL相連，步行即可
第二航站T2	可搭Skytrain（停駛時間可至離境大廳1號門搭乘接駁巴士）		可步行抵達	入境大廳1號門搭T4接駁巴士	走聯通步道抵達
第三航站T3	可搭Skytrain（停駛時間可至離境大廳8號門搭乘接駁巴士）	可步行抵達		須先前往T2後，再由T2搭T4接駁巴士	走聯通步道抵達
第四航站T4	不管去哪個航站，都需要先搭乘接駁巴士前往第二航站T2				
星耀樟宜 JEWEL	與T1相連，步行即可	走聯通步道抵達	走聯通步道抵達	須先前往T2後，再由T2搭T4接駁巴士	

機場內服務設施

郵局

位於第二航站出境樓層，營業時間為週一～五09:00～18:00，週六、日不營業。

郵筒

第一、二、三航站皆設有郵筒，但郵筒為銀色很容易藏身在ATM或其他設施之中，找不到時建議詢問客服櫃檯。

ATM

樟宜機場無論公共區域或是過境區，都設有ATM，不用怕找不到提錢的地方。

醫院

位於第三航站地下2樓設有Raffles Medical，為24小時看診。時段不同看診的費用也會有所調漲，還請留意。

藥局

機場內有guardian和watsons兩間藥妝店，公共區域和過境區都可以找到。處方籤用藥需在藥劑師上班時間方能購買。

便利商店

機場內最常看到的就是7-11和cheers兩間連鎖便利商店，就算是到了過境區也可以找到。

飲水機

除了一般的飲水機外，樟宜機場為方便拿自己水壺裝水的旅客，現在還推出水瓶感應式出水機，方便自備水壺的旅客。

充電站

樟宜機場公共區域有許多充電站，除了提供一般插頭充電外，還有USB接頭專用口。過境區不少座位扶手旁直接設有插座，不用太擔心找不到充電站。

▲機場插座配合外國旅客，台灣的插頭也可以直接使用，無需轉接頭

行李暫存處

每個航站都有付費的行李暫存處，依照時間的長短不同收費也有差異。若有計畫出機場市區觀光，或是提早到機場不想拖著行李亂晃，不妨花點小錢寄放。

機場內便民設施

兒童遊戲區

位於第三航站公共區域地下2樓的三麗鷗兒童遊戲區，無論是懶洋洋的蛋黃哥、經典的Hello Kitty，或是討人喜愛的布丁狗，可愛的卡通人物讓小朋友陷入瘋狂。

溜滑梯THE SLIDE @ T3

這是全球最高的室內機場溜滑梯，從4層樓高約12公尺處滑下來，小孩、大人都可以玩。在樟宜機場每消費滿新幣$10，就可以去服務台換取一張滑梯票券。此滑梯有限身高130cm以上、200cm以下方能入場。

泡麵販賣機

若真的半夜找不到東西吃，或是突然就是只想來碗泡麵，泡麵販賣機正好可以滿足你的需求。旁邊備有熱水和垃圾桶。

▲ 吃完後別忘了先將湯倒掉，再丟垃圾桶

▶泡麵價格也不會特別貴

卡拉ok機

在機場悶了想要打發時間，卡拉ok機可是個不錯的選擇，可自己選擇歡唱方案。

腳底按摩機

OSIM提供的腳底按摩機，若說是過境區最受歡迎的設施也不為過。但由於是公共設施，建議穿著襪子使用會比較衛生。

電玩室

電玩室位於第二航站的過境區，沒有限制時間，可以盡情打遊戲，此區皆為免費。

電影視聽區

樟宜機場的過境區有好幾個電影視聽區，舒適的沙發加上空調，有些人乾脆就在此打個小盹。不過建議在公共場合睡覺還是得注意自身財物，不時還是會有睡著後遭竊的案例發生。

辦理入境手續

機場指標清晰，留意跟隨不煩惱。

樟宜機場雖然大，但是指標非常清楚，指標上除了英文之外也都有中文，不管是要入境新加坡或是轉機，只要跟隨指標走，基本上都不會有太大問題。

入境手續 Step by Step

Step 1 跟隨指標

下飛機後跟隨「Arrival」的指標走。若要轉機則跟隨「Transfer」的指標。

▲要轉機的旅客需去「航班登機口資訊版」查詢下一個航班的登機地點

Step 2 護照查驗

順著Arrival走，會走到「Immigration」護照查驗的地方。遊客無法使用自動通關，需走人工查驗櫃檯。

Step 3 領取行李

通過護照查驗關口後就會來到行李轉盤，有託運行李的遊客別忘記在這領取行李。轉盤旁的手推車都可以免費使用。

Step 4 通關申報

領取行李後須通過入境檢查站。入境檢查站分為兩條通道，若有需要申報的物品請走紅色「Goods To Declare」通道，若沒有則可以走綠色「Nothing To Declare」通道。

Step 5 順利入境

通過入境檢查站後，就可以開始期待已久的新加坡旅程了！

填寫入境申請表

所有入境新加坡的外籍旅客，每人都必須填寫一張。請全部用英語大寫字母填寫。

表格說明

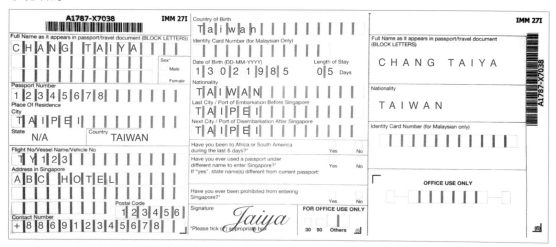

1.護照上的英文名字／2.性別／3.護照號碼／4.居住城市／5.州／6.國家／7.航班號碼／8.新加坡住址／9.郵遞區號／10.聯絡電話／11.出身國家／12.身分證件號碼(只有馬來西亞國籍才要填)／13.生日：日-月-年／14.停留天數／15.國籍／16.入境新加坡前所待的城市／17.離開新加坡後去的城市／18.過去6天你是否有到過非洲或南美洲？／19.你是否有用過其他名字的護照入境過新加坡？若有請寫下你的另外一個名字／20.你是否曾經被禁止入進新加坡？／21.簽名／22.官方用勿做任何記號／23.護照上的全名／24.國籍／25.身分證件號碼(只有馬來西亞國籍才要填)／26.官方用勿做任何記號

示範填寫

不可攜帶與需申報物品

新加坡海關以嚴格出名，入境新加坡時需特別注意哪些物品「不能帶」、哪些物品雖然可帶但「需要申報」。在新加坡逃避申報或申報錯誤皆為犯法的行為，最高可處新幣$1,000罰款；走私毒品在新加坡則是處以「死刑」。若不確定自己帶的物品是否需要申報，建議走「紅色通道」申報櫃檯，尋求海關人員協助。

禁止攜帶進入新加坡的物品　千萬不要

- 口香糖(台灣旅客很容易忽略，切記新加坡禁止攜帶入境、也禁止嚼食口香糖)
- 爆竹
- 受管制藥物與精神藥物
- 煽動性及謀反性資料
- 類似手槍或左輪手槍模樣的打火機
- 瀕臨絕種野生動物與其衍生產品
- 淫猥刊物、出版物、錄像帶、光碟與軟體
- 盜版的出版物、錄像帶、光碟、影碟、CD或卡帶等
- 口嚼菸草與仿製菸草產品，例如無菸水煙和電子香菸

入境新加坡免稅額度

旅客(非航空組員與持有新加坡居留簽證者)入境新加坡，攜帶新物品、紀念品、禮品和食品的情況下，可享有總價值新幣$600的免稅額度(若身處新加坡境外時間在48小時內，只可享有新幣$150的免稅額度)。

旅客酒類免稅額度

需符合以下條件方能享有酒類免稅額度：
- 18歲或以上
- 抵達新加坡前在境外停留至少48小時
- 不是從馬來西亞入境新加坡
- 酒類只供私用，且此酒類並非新加坡法律禁止種類

酒類免稅組合：
- 烈酒1公升+葡萄酒1公升+啤酒1公升
- 葡萄酒2公升+啤酒1公升
- 葡萄酒1公升+啤酒2公升

旅客菸草免稅額度　請特別注意

不管是旅客或新加坡居民都「沒有」任何菸草免稅額度！**所有攜帶入境新加坡的菸草都必須申報繳稅**，繳稅的價格基本上都可以直接在新加坡買菸了，建議旅客不要攜帶菸草入境，直接在新加坡當地購買更實在。千萬不要心存僥倖偷帶菸草不申報，被抓到可是會被處高額罰款，一包就要價新幣$200，得不償失。

貼心 小提醒

新加坡的菸均印有SDPC字樣

就算是成功偷帶了菸入境新加坡也別高興太早，新加坡關稅局不定時都會在街上抽查路人所吸的菸草，新加坡境內所販售的香菸均印有「SDPC」字樣，若被查到是未繳稅的私菸，會被罰款新幣$500～2,200不等。

辦理出境手續

依照指標順序走，出境毫無困難。

出境和入境新加坡時一樣，只要照著下面的順序，並跟隨指標走，就能簡單又順利地出境。

出境手續Step by Step

Step 1 抵達機場

　　建議在起飛前3小時抵達機場。樟宜機場有4個航站，千萬別跑錯了。

Step 2 辦理退稅

　　抵達航站樓後，若有需要退稅的旅客，先至退稅中心辦理退稅。(退稅的詳細步驟請參閱購物篇P.127)

▲ 尋找「GST Refund」就是辦理退稅的地方

Step 3 辦理劃位

　　拿到退稅單後至櫃檯辦理劃位及託運行李手續。

▲ 前往航空公司櫃檯區

Step 4 準備出境

　　登機證拿到了，行李也託運完成，可以前往「Departure」準備出境。

▲ 前往出境大廳

Step 5 檢查證照

進入Departure區域入口處會先檢查一次護照和登機證，之後則是護照查驗關口，台灣護照出境新加坡可排人工櫃檯或自動通關。

Step 6 現金退稅

通過護照檢驗後，退稅選擇領取現金的旅客，要先到退稅櫃檯領回稅金。

▲GST現金退稅櫃檯

Step 7 前往指定的登機門

在前往登機門的途中會有許多免稅商店和餐廳，若購買液體免稅商品，店員會幫你裝在特殊的免稅商品透明袋子中，方能通過等下的安檢。若在餐廳、便利商店購買飲料想要帶上飛機，超過100毫升是無法通過安檢，需在登機門丟棄，應特別注意。

▲尋找號碼前往指定登機門

Step 8 登機門安全檢查

這一點和許多國家的機場不同，樟宜機場是在進入候機室時才一個個做安全檢查。許多搭乘廉價航空的旅客因為機上水需要另外購買，在機場的便利商店買好飲料準備帶上飛機，但在新加坡樟宜機場是辦不到的，因為超過100毫升的液體無法通過安檢。

▲安檢時記得將筆記型電腦、平板另外拿出來

Step 9 抵達候機室

雖然不能帶水進來，但可以自己帶水壺，候機室裡有最後機會可以裝水，但常常在登機前飲水機大排長龍，建議搭乘廉價航空想裝水的旅客早點進來排隊。

▶部分候機室的飲水機沒有提供熱水

如何從機場往返市區

有多種交通工具，可依自己需要選擇。

新加坡樟宜機場離市區並不遠，從機場往返市區相當容易，最主要的交通工具為地鐵、公車、計程車和私人叫車。大眾交通地鐵和公車，不會因為從機場出發就有額外費用產生，機場至市中心車費約為新幣$2～4，車程含轉車約為40分鐘～1小時。若搭計程車則約為新幣$30～40、私人叫車約為新幣$20～35，車程則為25～35分鐘(實際車費與車程視交通路況和目的地而有所不同，以上僅供參考)。

搭乘地鐵步驟Step by Step

觀光客人生地不熟來到新加坡，最多人選用的大眾交通工具就是地鐵。新加坡的地鐵價格公道、標誌清楚且班次多，車站標示和車廂內廣播都有中文，對台灣來的旅客來說是相當容易使用的公眾交通工具。

Step 1 尋找地鐵站

樟宜機場第二航站、第三航站可直接去地下樓層搭乘地鐵。若在第一航站、第四航站則須先抵達二或三航站方可找到地鐵站。(樟宜機場內移動請見P.43)

▲地鐵站入口

Step 2 購票

若需要買ezlink卡或多日觀光票券可直接在地鐵站服務櫃檯購買，若想購買單程票則至售票機購買。建議在出發前先做工作，了解自己的票券需求。(地鐵票券請見P.70～75)

▲排隊購票，再依MRT指標搭車

Step 3 刷卡入站

刷卡入站後,兩邊的月台都是前往市區,選擇先發車的月台即可。

▲刷卡開門

Step 4 轉車

樟宜機場沒有直接抵達市區的地鐵路線,轉車點為2站:博覽站和丹那美拉站(Tanah Merah)。博覽站(Expo)可連結藍色市區線(Downtown Line),若旅館在藍線上可選擇在此轉車。丹那美拉站則連結了綠色東西線(East West Line),在此轉乘其他線路點多,大多數旅客都在此轉車。

請注意:從機場前往市區,在丹那美拉站轉車時兩邊車門皆會打開,「左側」為前往市區方向,右側則為前往巴西立站(Pasir Ris)方向。

搭乘公車步驟Step by Step

對觀光客來說一落地新加坡就要搭乘公車,可能會是個挑戰,但若飯店不在地鐵站旁,而恰好飯店門口就有公車站,那公車可能會是最方便的交通手段。

Step 1 尋找公車站

第一、二、三航站的公車站都位於地下樓層(可搭乘公車24、27、34、36、53、110、858),第四航站的公車則位在航站建築外停車場旁(可搭乘公車24、34、36、110)或外面大馬路上的Near SATS Flight Kitchen站(可搭乘公車27、53、858),後者與第四航站有段距離,建議有行李的旅客可搭乘免費接駁巴士前往第二航站,然後再從第二航站搭乘公車。

機場的公車行經路線全部都只有一個方向,因此不會有搭錯方向的疑慮。公車行進方向為:第三航站→第一航站→第二航站→第四航站(公車27、53、858不行經第四航站)。

Step 2 購票

搭乘公車使用ezlink和上車購買單程票(無找零服務,需自備剛好的零錢)的差價非常大,使用ezlink會便宜不少。若整趟旅程有使用ezlink的打算,建議在機場先買好卡片。

Step 3 上車刷卡

上車一律從前門刷卡上車。

Step 4 下車刷卡

下車前須按鈴，下車可從前門或後門刷卡離開。

請注意：

■在新加坡就算是會行經機場的公車，也沒有設置行李放置架。旅客可利用無障礙區域擺放行李，但仍須以輪椅乘客為優先。若剛好在上下班尖峰時間搭乘，常常會因為人多而擠不上車，更不用說帶著大包小包的觀光客了。若想搭公車前往市區，建議行李多的旅客多加斟酌。

■大部分新加坡公車上沒有報站系統和跑馬燈提示，建議隨時開著Google Map看看自己移動到哪裡，以免坐過站。

搭乘計程車

樟宜機場每個航站內都有計程車招呼站，一抵達入境大廳就可以輕易找到。計程車從機場出發會有額外的費用。通常前往市區的車程約為30分鐘左右。

額外收費：

■週五、六、日：17:00～00:00額外收費新幣$5，其餘時間額外收費新幣$3；深夜時段(00:00～06:00)：會在車資最後金額再加上50%。

■尖峰時段(週一～五06:00～09:30、週一～日18:00～00:00)：車資最後金額再加上25%

▲深夜時計程車等候區有時空無一人

私人叫車步驟Step by Step

本地人最常用的機場交通工具應該就是Grab或GOJEK了！只要手機下載APP，輕輕鬆鬆就可以叫到私家車，又融合了計程車的便利。若有2～3人一起搭乘，可說是相當划算。(訂車步驟說明請參考P.81)

Step 1 確認自己的所在地

樟宜機場有4個航廈，每個航廈的上下車接送點又有3～5個不等，在訂車前先搞清楚自己在哪裡，才可以使用正確資訊訂車。

Step 2 選擇出發地和目的地

出發地為航廈和接送門，目的地可輸入旅館名稱或地址，為避免連鎖飯店產生誤會，建議輸入飯店地址較保險。

Step 3 提前準備搭乘

建議比系統所顯示的等待時間早點出去等車，由於接送點無法停車等人，必須接了人馬上開走，所以最好在有把握上車的時候再訂車，否則司機可是無法等人的。

Step 4 看準車牌快快上車

由於大多數的人都使用私人叫車，因此接機處車潮不斷，這時眼睛就要睜大一點，尋找自己的那台車。在這裡是客人找司機，而不是司機找乘客，畢竟APP上會顯示車款和車牌號碼，但司機可不知道你的長相。

重點瀏覽
樟宜機場美食

樟宜機場內有不少美食，部分餐廳24小時營業，所以無論在任何時段都不怕找不到東西吃。以下就介紹1～4航廈內美食，每個航廈都分有公共區和過境區，公共區域為離境尚未進入護照審查，和入境提取行李過海關後的區域。過境區域則為離境進入護照審查後，或入境下飛機後尚未離開海關檢查區域。

第一航站T1

🍴 4 Fingers Crispy Chicken

地點：T1過境區、T3公共區B2

　　4 Fingers Crispy Chicken為新加坡本土的炸雞連鎖店，最受歡迎的炸雞為韓式炸雞，位在新加坡、馬來西亞、印尼的分店皆為清真認證餐廳。除了炸雞之外還有飯盒、炸海鮮、沙拉等選擇，常常可見到機場的分店大排長龍。

🍴 三盅兩件茶樓

地點：T1公共區

　　三盅兩件為新加坡的連鎖中菜館，「三盅兩件」則指的是茶水、湯水、糖水和兩道菜肴。在市區的不少商場中都會出現三盅兩件的身影，來到機場若有時間好好在餐廳吃一頓，可以來這嘗嘗。最受歡迎的人氣菜色為「三水姜茸雞」。

🍴 Japan Gourmet Hall Sora

地點：T1公共區、T2公共區

　　Japan Gourmet Hall Sora為日式料理的美食區域。全區域皆提供日本當地知名餐廳入駐，價格上也比一般美食街來的高一些。T1的Japan Gourmet Hall Sora內有一幸舍屋台拉麵、北海道Yoshimi豬排咖哩、惠海鮮丼。T2則有風月大阪燒、Japoli Kitchen、琥珀天丼、麵屋武一、東京純豆腐、黑鮪。美食區域內裝潢具有日式風格，連桌椅都流露出濃濃的和風。

第二航站T2

🍴 員工餐廳 Staff Canteen

地點：T2公共區(3M樓層)

　　就算是機場的員工餐廳，一般旅客也是可以進去用餐的。價格上比機場其他餐廳低上不少，店家也都是新加坡最道地的小吃料理，若有在第二航站出入境，不妨上去看看！唯一缺點是地點較不好找，需要花點時間，不特別去找的話基本上不會發現這個地方。

　　員工餐廳路線解說：路線有多條，但建議從入境大廳樓層停車場搭電梯上去，最為方便。

▲ 從入境大廳停車場搭電梯前往方便

▲ 員工餐廳內部明亮乾淨

🍴 CRAVE

地點：T2公共區、過境區、T3公共區

　　Crave是馬來料理椰漿飯的專賣店，椰漿飯內包含黃瓜片、烤花生、酥脆的炸江魚仔、蛋、參巴辣椒醬(見P.106)，不管是現場吃或是外帶都很方便。

🍴 Penang Culture

地點：T2公共區

　　Penang就是馬來西亞的檳城，檳城以美食眾多知名，而Penang Culture的菜單當然也羅列了不少檳城道地美食，像是炒粿條、叻沙、咖哩魚頭，是價位中等的一間餐廳。

第三航站T3

🍴 樂天皇朝

地點：T3公共區

樂天皇朝是知名的新加坡中式餐廳，其中最廣為人知的就是招牌菜色「八色小籠包」，八色小籠包內的餡料分別為原味、人蔘、鵝肝、黑松露、蟹黃、奶酪、大蒜和麻辣。這裡適合時間足夠，想好好享用一頓中式料理的旅客，建議人數在3～4人以上最合適。

🍴 Kopitiam美食街

地點：T3公共區B2

Kopitiam是新加坡全國到處可見的美食街，食物價格合理而且選擇眾多，更重要的是這裡為24小時開放，不管你是搭什麼時段的航班，若有機會來到T3，就可以有不少美食的選擇。這裡也有著不少道地的新加坡小吃，若在回國前還有尚未達成的必吃名單，不妨來這找找。

第四航站T4

🍴 Food Emporium

地點：T4公共區

和一般的美食街一般，提供物美價廉的新加坡當地美食。由於沒有和其他任何一個航站相連，第四航站可以算是樟宜機場的邊陲地帶，因此這個美食街可以說對使用第四航站的旅客非常重要。

🍴 老街肉骨茶

地點：T4公共區

老街肉骨茶在市區的分店很多，但樟宜機場中只有這一間。打破傳統肉骨茶一定是帶湯的想法，老街肉骨茶的「乾肉骨茶」反而異軍突起，相當受到歡迎。當然若想品嘗正統的湯式肉骨茶，到這裡也可以吃得到。

機場篇

重點瀏覽
樟宜機場景點

新加坡樟宜機場作為世界第一的機場，當然不光光只是航班多、餐廳多，環境乾淨而已。除了基本的旅客服務之外，機場本身就是一個超大的景點，這點就足以讓造訪者驚歎不已。待在新加坡樟宜機場，就算一整天，你也不會覺得無聊，因為若想仔細看完各式各樣的花園和藝術品，也要花上大半天了。

第一航站T1
> 過境區域另有仙人掌花園、睡蓮花園可免費參觀

入境花園 Arrival Garden

地點：T1公共區域

　　若旅客從第一航廈入境新加坡，領取完行李走出管制區，馬上映入眼簾的就是這片入境花園。花園的主題為蜻蜓的棲息地，可以見到巨型蜻蜓遨遊在樹叢中，一旁還有池塘。更令人驚豔的是背後種植著好幾顆棕櫚樹，高12～15公尺左右，室內花園也能做到如此規模，令旅客有如來到「城市花園」。

雨之舞 Kinetic Rain

地點：T1公共區域

　　在第一航站的出境大廳，可以看見兩區非常顯眼的水滴狀裝置藝術，若走近仔細一看，可以發現這些水滴都在移動著。其實這兩組藝術作品《雨之舞》，是利用一顆顆水滴狀的青銅雕塑，隨著移動和位置變化，排列出飛機、熱氣球、風箏等形狀，

而變換中的抽象圖像也很優美引人注目。有不少旅客會在一旁錄影，或是花不少時間站在一旁欣賞，因為水滴的曼妙舞姿非常療癒人心。

第二航站T2
> 過境區域另有向日葵花園可免費參觀

蘭花園 Orchid Garden

地點：T2過境區

　　在過境區域可見到精心設計過的蘭花園，雖然面積不大，但種植了700株、30個不同品種的蘭花。蘭花群中值得一看的為樟宜石斛蘭、卓錦萬代蘭、跳舞蘭、蝴蝶蘭，其中卓錦萬代蘭為新加坡的國花。

夢幻花園 Enchanted Garden

地點：T2過境區

　　T2過境區除了蘭花園外還可見到充滿蕨類的夢幻花園。夢幻花園利用燈光和音效，讓旅客彷彿真的置身在大自然之中。利用軟樹蕨作為主角，也讓整個花園綠意盎然，讓人不覺得自己正在機場內。

時之語 A Million Times

地點：T2公共區域

　　只要開始注意這個裝置藝術，包準你會站在那邊好一會兒都不想離開。時之語是由瑞典的一群設計師打造，壁板上共有504個壁掛時鐘，寬7.5公尺、高3.4公尺。黑色的指針像是跳舞一般轉動，在特定時間點時還會有出其不意的小驚喜。

第三航站T3

🌷 雛菊 Daisy

地點：T3公共區域

在第三航站的出境大廳，會看見一盞像是電扇，又像是螺旋槳，但又好像是花一般的大型動態藝術品。名為《雛菊》的作品是由藝術家Christian Moeller所設計，將樟宜機場為世界樞紐的概念融入其中。設計師巧妙使用新加坡國家的顏色，紅色扇葉、白色支架，隨著風扇不規則的轉動，為出境大廳帶來更多趣味。

🦋 蝴蝶園

地點：T3過境區域

這裡是世界上第一座機場內的蝴蝶園，雖然占地不大，但卻有1,000隻左右的蝴蝶在這兒翩翩飛舞著。園區內放置著水果，使蝴蝶停在上面，讓人可以近距離觀察。另外還設置了蝴蝶繁殖的培養櫃，讓人了解蝴蝶孵化過程，具有教育意義。

第四航站T4 { 過境區域另有傳統文化區店屋、土生華人歷史展廊可免費參觀

🌷 羽之靈 Les Oiseaux

地點：T4公共區域

由法國藝術家所打造的羽之靈，是利用手工製作而成的雕塑品。可看見一隻鳥棲息在地面，而另外兩隻遨遊在天際。走近看可以發現這是由鋼絲所製作，精巧的手工技術和鳥兒的姿態都令人留下深刻的印象。

🎨 新加坡羅惹壁畫 Singapore Rojak

地點：T4公共區域

新加坡的旅遊相片中總少不了與壁畫的合照，除了在牛車水、哈芝巷尋找壁畫外，就連樟宜機場第四航站，都可以來張與壁畫的創意合照。這幅由新加坡壁畫家葉耀宗手繪的《新加坡羅惹》，裡頭有賣馬來花布的商店、傳統娘惹糕餅店、印度耍餅攤位和冷飲椰子汁的小攤子。每一樣都代表著新加坡獨特的文化，和流露出濃濃的懷舊氣息。壁畫總長37公尺，是許多旅客來到第四航站最愛的景點之一。

🎨 嘿！大叔 Hey, Ah Chek!

地點：T4公共區域

這座《嘿！大叔》銅像為新加坡藝術家張華昌的作品。一對母子在街上和三輪車夫打招呼，展現出1950年代新加坡的風情。雖然在嶄新的第四航站之中，仍讓人們找到許多舊時代的美好與回憶。

重點瀏覽
星耀樟宜景點

星耀樟宜於2019年4月開幕，坐落在樟宜機場第一航站前方，另外與第二航站、第三航站有連通的橋梁，可直接步行抵達。星耀樟宜可說是一間大型複合式的商場，除了數不盡的知名餐廳、名牌商城，還有飯店、電影院、超市，甚至還有許多最新的必去景點都在這裡。星耀樟宜強化了原本就設施非常完備的樟宜機場，讓旅客無論是轉機，或是早到機場，都有了更多走逛的空間。

星耀樟宜內有不少參觀設施，所以想要好好逛完整個星耀樟宜，也得花上一整天的時間。若轉機中間時間超過3～4小時，或是搭乘下午或晚上的飛機離開新加坡，都很適合來這邊半日遊，看看新加坡最新的景點。

---

http www.jewelchangiairport.com/zh.html

✉ 78 Airport Boulevard, Singapore 819666

➡ **從市區：**地鐵樟宜機場(Changi Airport)站下車後走到第二航站T2，再從第二航站走連通橋至星耀樟宜。公車在第一航站T1下車，跟著第一航站內的指示牌便可走到星耀樟宜
從機場航站樓：第一航站出發，與星耀樟宜相連結，只需依照指標走即可。第二航站出發，走連通橋可抵達。第三航站出發，走連通橋可抵達。第四航站出發，須先搭乘接駁車至第二航站，再走連通橋至星耀樟宜

🕐 24小時(多數商店營業時間為10:00～22:00，部分餐廳營業至凌晨03:00，詳細營業時間請參考官方網站)

世界最高室內瀑布
雨漩渦 Rain Vortex

2019年最熱門的IG打卡景點非此莫屬了！這裡也是全世界最高的室內瀑布。雨漩渦在商場的正中央，因此商場各處都可以輕易看見它的身影。入夜後則每小時都有一場音樂燈光秀(19:30、20:30、21:30、22:30、23:30、00:30)，每場時間約為5分鐘，建議在燈光秀開始前10～15分鐘就找好位置。

雨漩渦從星耀樟宜的5樓一直到地下2樓，如此巨大的瀑布在各種角度都有不同的美，最特別的是在地下1～2樓看見玻璃帷幕內的瀑布。

⊠ 星耀樟宜地下2樓至地上5樓
💲 免費
🕒 09:00～23:30

▲雨漩渦音樂燈光秀

▲從地下樓層所看見的瀑布也很美

◀可以在各種角度和樓層觀賞雨漩渦

星國最大室內植物展示地
森林谷 Forest Valley

在看見雨漩渦的同時，相信你一定也會注意到蔥鬱綠林環繞四周，這裡是新加坡最大的室內植物展示地。這裡有兩條不同主題步道，分為東側和西側，全館內種植了900棵樹和6萬叢灌木，讓人不敢相信是置身在新加坡的樟宜機場內。

⊠ 星耀樟宜1～4樓
💲 免費
🕒 24小時

▲晚間的森林谷

鳥瞰星耀樟宜最佳位置
天懸橋 Canopy Bridge

天懸橋位在星耀樟宜5樓的星空花園，高度為23公尺，是最佳鳥瞰星耀樟宜的位置。由於橋上容納人數有限，在購票時需先預約參觀時間。橋上雲霧繚繞，讓人好像真的置身於雲端，從上居高臨下可見到雨漩渦全貌外，還可望見玻璃屋頂外的樟宜機場塔台。

⊠ 星耀樟宜5樓
💲 新幣$8
🕒 09:00～3:00

▶天懸橋上

大人小孩都愛的放鬆空間

星空花園 Canopy Park

　　這裡除了是美麗的室內花園，更有許多有趣的小景點藏在其中。奇幻滑梯(Discovery Slides)遠看像是大型的裝置藝術，但近看才發現是充滿童趣的溜滑梯。另外綠雕植物走道(Topiary Walk)是大人小孩都喜歡的地方，用花草樹木布置出的室內庭園，鮮豔的花朵排列出栩栩如生的可愛動物。雲霧繚繞活動區(Foggy Bowls)很適合帶小朋友來此奔跑、打滾。就算沒有打算在機場久待，這裡也很適合當作雨天的備案行程。

✉ 星耀樟宜5樓

💲 新幣$5 (Changi Rewards會員只需新幣$3，申辦會員只需在網路上免費申請)

🕐 09:00～03:00

▶彷彿來到了動物園

盡情空中歡笑跳躍

天空之網－蹦跳網 Sky Nets-Bouncing

　　在這裡歡笑和尖叫聲不斷，蹦跳網長250米，不但能讓人在上面盡情跳躍，也可從上往下看見星空花園。由於人數控管限制，買票時需要先預定入場時間，每場次可在裡面待60分鐘。

✉ 星耀樟宜5樓星空花園內

💲 成人新幣$22，孩童(3～12歲)與長者(60歲以上)新幣$16 (Changi Rewards會員成人新幣$18.80，孩童、長青票$13.70，申辦會員只需在網路上免費申請)

🕐 10:00～22:00

ℹ 建議著褲裝和好走跳的布鞋進入

空中漫步欣賞下方人潮

天空之網－步行網 Sky Nets-Walking

　　若覺得蹦跳網太過刺激，不妨試試同樣在星空花園的步行網。步行網長50米，從步行網往下看，可以看到賣場裡熙來攘往的人潮。

▲適合全家大小一起來挑戰

✉ 星耀樟宜5樓星空花園內

💲 成人新幣$15、孩童(3～12歲)、與長者(60歲以上)新幣$10 (Changi Rewards會員成人新幣$12.85，孩童、與長者$8.55，申辦會員只需在網路上免費申請)

🕐 10:00～22:00

ℹ 建議著褲裝和好走跳的布鞋進入

走在花樹籬間探索風景

樹籬迷宮 Hedge Maze

　　和同伴迷失在樹籬中，不妨嘗試去發現前往終點的小徑吧！中途會碰到各種機關，還有中央的高台可以上去一覽迷宮全景。

✉ 星耀樟宜5樓

💲 成人新幣$12，孩童(3～12歲)、與長者(60歲以上)新幣$8(Changi Rewards會員成人新幣$10.25，孩童與長者$6.85，申辦會員只需在網路上免費申請)

🕐 10:00～22:00

▲從高台上拍出的迷宮全景

▶從走累了還有奇特的椅子可以坐下休息

到鏡中闖蕩冒險
鏡子迷宮 Mirror Maze

這是以花園為主題的鏡子迷宮，入場時會先發給每人一枝軟棒，因為進到迷宮後，鏡子的迷幻影像讓你根本搞不清楚東南西北，也分不清哪裡才是真正的道路。

▲太多的鏡子讓人分不清東南西北

- ✉ 星耀樟宜5樓
- 💲 成人新幣$15，孩童(3～12歲)與長者(60歲以上)新幣$10 (Changi Rewards會員只需成人新幣$12.85，孩童與長者$8.55，申辦會員只需在網路上免費申請)
- 🕐 10:00～22:00
- ℹ️ 建議著褲裝和好走跳的布鞋進入

執行任務闖關體驗
樟宜時空體驗館 Changi Experience Studio

如果你是航空迷，你一定會喜歡這裡。樟宜時空體驗館除了能讓旅客更了解有關樟宜機場的歷史外，更融合各種高科技，讓你對新加坡感到驚歎！配合機場內不同職業而設計的小遊戲讓人印象深刻，例如客服人員親切的微笑，而有了微笑大挑戰，讓你和同伴看看誰笑得比較厲害。另外還有收取手推車的遊戲、安排計程車進入不同航站的遊戲，甚至還有安檢人員找尋危險物品的體驗。另外吸引人注意的是，遊客以騎腳踏車的速度，來對決飛機和跑車，看誰跑得快！若想體驗全館的活動，建議預留1.5～2小時。

- ✉ 星耀樟宜4樓
- 💲 成人新幣$25，孩童(3～12歲)與長者(60歲以上)新幣$17 (Changi Rewards會員只需成人新幣$18，孩童與長者$12，申辦會員只需在網路上免費申請)
- 🕐 10:00～22:00
- ℹ️ 建議著褲裝和好走跳的布鞋進入

▲分數前10名者，頭像將留在後面的排行榜上

▲手推車遊戲，看誰收的手推車最多

◀行李檢查遊戲，要抓出違禁品可沒那麼容易

▲選擇中文則會出現中文講解

▲認識樟宜機場的歷史

行家祕技

星耀樟宜體驗活動套票

若有計畫在星耀樟宜待上半天至一天，建議可購買套票省下不少錢。

例：樟宜時空體驗館+星空花園+天懸橋+樹籬迷宮+鏡子迷宮+天空步行網，套票成人新幣$55，孩童(3～12歲)與長者(60歲以上)新幣$38，每人可以節省約$8。另外有家庭套票和其他配套可參考，詳情請見官方網站。

重點瀏覽
星耀樟宜美食

在星耀樟宜有各式各樣的餐廳、美食供旅客選擇，不管是想要花小錢在美食街享用餐點，或是想在氣氛佳的餐廳享受浪漫的晚餐，這裡都可以滿足各種不同的需求。

排隊美食

A&W

從開幕開始排隊人潮沒斷過，A&W是美國的速食連鎖店，主打炸雞和沙士，只不過排隊時間平均30分鐘起跳，趕時間的旅客可得好好衡量自己的時間。

✉ 星耀樟宜地下2樓
🕐 07:00～03:00

▲A&W店面以橘色為基底　▲炸雞套餐非常受到歡迎

Shake Shack

源自於美國紐約的速食連鎖店，和A&W一樣是星耀樟宜的兩大排隊名店。主打漢堡和奶昔，經典的Shack Burger採用安格斯牛肉，相當受到歡迎，另外Shroom Burger則是以炸蘑菇取代漢堡肉，也是不錯的選擇。奶昔方面，新加坡則有當地限定口味「班蘭奶昔」。

✉ 星耀樟宜2樓
🕐 10:00～22:00

▶週末假日常常隊伍排到2小時以上

LADY M

同樣也是來自紐約的甜點店LADY M在新加坡已有不少分店，所以在星耀樟宜並不需要排太久，就能品嘗到這世界級的甜點。

✉ 星耀樟宜2樓
🕐 10:00～22:00

▲LADY M維持一貫的白色風格

Burger and Lobster

英國知名的連鎖餐廳，選擇星耀樟宜作為他們在新加坡的第一間分店。雖然餐廳的營業時間為09:00～03:00，但09:00～11:00和23:00～03:00只販售龍蝦堡，要價不菲，每個新幣$40。另外新加坡有限定口味參巴醬龍蝦堡(Sambal Glazed Lobster)，售價新幣$65。

✉ 星耀樟宜5樓
🕐 09:00～03:00

▲如果預算夠，可以試試最知名的龍蝦堡

本地餐廳

🍴 珍寶海鮮

　　珍寶海鮮是新加坡知名海鮮連鎖餐廳，其中辣椒螃蟹、黑胡椒螃蟹尤其出名。旅客來到新加坡轉機，無需進市區找尋餐廳，在機場就可以吃到道地辣椒螃蟹。

✉ 星耀樟宜3樓
🕐 10:00～22:00

🍴 松發肉骨茶

　　對外國旅客來說最知名的肉骨茶店之一，豬排骨放在熬煮過的高湯中，胡椒香味撲鼻，是正統的潮州肉骨茶。

✉ 星耀樟宜地下2樓
🕐 08:00～00:00

🍴 土司工房

　　如果想要嘗試新加坡的傳統早餐咖椰土司和奶茶、咖啡，或是新加坡的傳統美食叻沙、米暹，都可以在這裡找到。土司工房的價格合理實惠，不需要花大錢一樣可以品嘗新加坡當地美食。

✉ 星耀樟宜地下2樓
🕐 24小時營業

🍴 Tiger Street Lab

　　這裡是虎牌啤酒全球第一間餐廳，菜單也很有料，中、西式的餐點選擇都有。餐點的特色皆與虎牌啤酒相當搭配，例如鹹蛋黃蝦球、月光河粉，另外還有以啤酒料理而成的虎牌檸檬啤酒脆雞扒。（＊18歲以下禁止飲酒）

✉ 星耀樟宜5樓
🕐 09:00～03:00

重點瀏覽
星耀樟宜購物

想採買當地限定，或是人氣超旺的商品？到星耀彰宜也買得到！以下介紹幾項特定商品提供你參考。

🎁 夢可寶專賣店

日本以外亞洲第一間海外專賣店，最值得購買的是繡有SIN (新加坡樟宜機場的機場代碼)的皮卡丘機師、空服員造型玩偶。

✉ 星耀樟宜4樓
🕐 10:00～22:00

🎁 星巴克 The Starbucks Reserve

這裡提供和一般星巴克不同的咖啡，雖然價格稍高，但都是較稀有、精緻的咖啡，數量也有限制。新加坡限定的隨行杯也可以在這找到。

✉ 星耀樟宜2樓
🕐 10:00～22:00

🎁 樟宜機場禮品專賣店

樟宜機場所經營的店面，販售許多遊客最愛的小紀念品。不管是機場的明信片、鑰匙圈或是磁鐵都有不少選擇。其中最特別的就是「樟宜香氣」的香氛蠟燭、香水，若注意聞聞看樟宜機場的味道，四處都飄散著一股特殊的香味，而這其實是樟宜機場的特色之一。

✉ 星耀樟宜4樓
🕐 10:00～22:00

🎁 Violet Oon Singapore

這是以娘惹菜出名的餐廳，但餐廳一進門所販售的傳統糕點也相當受到歡迎。除了咖椰醬之外，各式餅乾類的產品也很適合當作伴手禮送人。

✉ 星耀樟宜1樓
🕐 09:00～23:00

🎁 Irvins X Salted Egg

每次開賣後馬上缺貨，Irvins鹹蛋魚皮在星耀樟宜開了一間24小時營業的店。雖然不保證24小時都有貨可買，但這邊貨源可說是比其他分店還要來得充足。

✉ 星耀樟宜地下2樓
🕐 24小時營業

🎁 林志源肉乾

新加坡知名肉乾品牌林志源，分店不多，包含星耀樟宜的分店只有4間。每到過年就大排長龍的肉乾店，是許多新加坡人的最愛。肉類製品無法帶回台灣，建議在新加坡品嘗即可。

✉ 星耀樟宜地下2樓
🕐 10:00～22:00

交通篇
Transportation

善用大眾運輸，輕鬆走遍新加坡。

新加坡國土面積小，去哪都容易。大眾運輸價格親民，地鐵站也都有中英文的
指示牌，非常適合首度挑戰自助旅遊的旅客。

新加坡境內交通路網

積密規畫運輸管道,創造流暢的交通順序。

新加坡的國土面積小,所以政府在交通規畫上面也下了不少功夫,才讓新加坡能夠在交通繁忙的尖峰時段,車流依然在控制之中。這裡先簡單介紹星國交通之所以順暢的原因。

購車門檻

若想在新加坡買車,除了要繳交道路稅、保險之外,還需要另外向政府購買10年的「擁車證」(Certificate of Entitlement,簡稱為COE),平均一台車10年的擁車證為台幣100萬元左右,過期後需重新購買。

除了高架橋需要繳交過路費外,某些時段進入市區也需要付過路費,金額依照時段有所不同。由於擁有私家車的成本非常高,因此並不是家家戶戶都會買車。

只要進入 ERP 區域就會被收取過路費用,依照時段收費不同

大眾運輸系統發達

新加坡的大眾運輸主要為公車和地鐵。地鐵票價不貴、搭乘方法也很簡單,站內有中文標示,車廂內廣播也有中文,對遊客來說非常便利。公車則是更能深入其他地區,票價也相當便宜,雖然公車的站牌不若地鐵站好找,也沒有車內廣播系統,但若能善用公車資訊APP,在新加坡搭公車一點都不難。

強化社區生活機能

新加坡各地區都會有機能相當完備的購物中心。購物中心裡面應有盡有,從銀行、超市、郵局,各式店家、餐廳,甚至是圖書館都可以在裡頭找到。因此就算不住在市區,人們依然可以在自己居住的社區辦完所有的事情、買到想要的東西,這也就減少了人們需要移動的需求。

交通篇

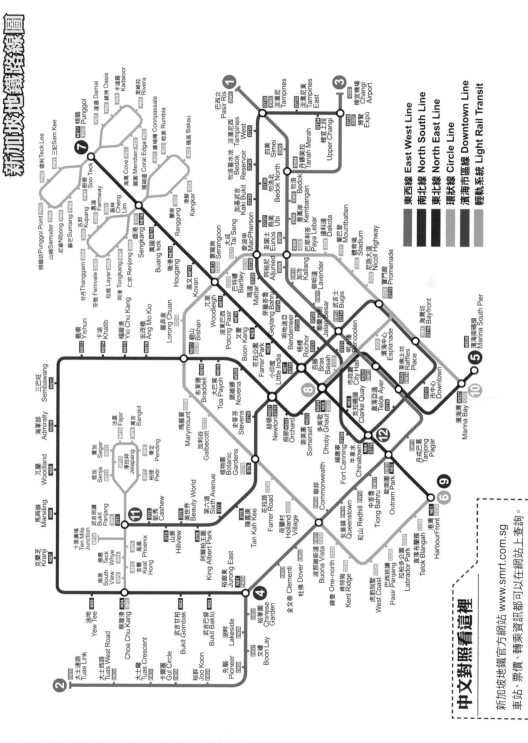

新加坡地鐵路線圖

東西線 East West Line
南北線 North South Line
東北線 North East Line
環狀線 Circle Line
濱海市區線 Downtown Line
輕軌系統 Light Rail Transit

中文對照看這裡

新加坡地鐵官方網站 www.smrt.com.sg

車站、票價、轉乘資訊都可以在網站上查詢。

搭乘地鐵

地鐵四通八達，站點好找容易進出，是旅客最愛。

新加坡地鐵遍布全國，各地鐵站有無障礙出入口，也有完善的升降梯設施，帶著老人、小孩搭乘地鐵都不用擔心會不方便。搭乘地鐵遊新加坡是旅客第一首選的交通方式。

地鐵票種

在新加坡，遊客大多使用大眾運輸交通工具進行觀光，公車、地鐵幾乎可以抵達所有的觀光勝地。新加坡政府也推出針對遊客使用的觀光票券，從1～3日不等，遊客可針對自己的需求選擇票券。

遊客專用1～3日票券比較表

(製表／張念萱)

票種	新加坡遊客通行卡 Singapore Tourist Pass	新加坡旅遊卡 SG Tourist Pass	新加坡遊客通行卡PLUS Singapore Tourist Pass Plus	新加坡遊客通行卡墜飾 STP (Singapore Tourist Pass) Charm
票價(新幣)	$20/26/30 (內含$10押金)	$25	$38	$36.90
使用天數	1日/2日/3日	3日	3日	1日
可搭乘範圍	所有地鐵和公車	所有地鐵和公車	所有地鐵和公車	所有地鐵和公車
押金(新幣)	$10	無	無	無
備註	1.最多遊客選擇的無限暢遊票券。 2.內有押金新幣$10，記得在歸國前拿去退還。 3.2日券和3日券，必須是車票使用當天開始連續的2、3日。 4.若不拿回押金，在無限搭乘效期過後，卡片可當一般Ezlink使用，只要去車站儲值即可。 5.購買地點：部分指定地鐵站。詳細內容請見官網。	1.若選擇3日票且不想去辦理退換押金手續，價格上比新加坡遊客通行卡划算。 2.購買地點：cheers便利商店(樟宜機場第二航站出境大廳、第三航站1樓、第四航站入境大廳)。	1.票價稍貴但配合樟宜機場遊客信息中心，不定期推出各種優惠方案，如免費參加新加坡步行之旅(價值新幣$59)，建議購買前先和遊客信息中心確認當期優惠配套。 2.購買地點：樟宜機場各航廈的遊客信息中心(Changi Recommends)。	1.單價高，但車票本身也是可愛的魚尾獅鑰匙圈紀念品。 2.購買地點：部分指定地鐵站。詳細內容請見官網。目前已售完。

不可搭乘的大眾運輸：聖淘沙地鐵Sentosa Express、聖淘沙巴士專線RWS8、特快Fast Forward、夜間巴士Night Rider，以及夜貓巴士Nite Owl bus

http thesingaporetouristpass.com.sg/cn/type-of-passes

交通篇

單程票

若整趟旅程並非以大眾運輸為主，只是搭乘幾趟並不想要購買儲值卡，通常也只能選擇購買地鐵單程票前往目的地。

購買單程票Step by Step

可於各大地鐵站購買，一律從車票販售機買票。

Step 1 尋找售票機

在地鐵站尋找售票機。

Step 2 選擇中文

語言選項

Step 3 尋找目的地

選擇使用地鐵圖或站名尋找目的地。

地鐵站名稱　　地圖

Step 4 選擇目的地

若用地鐵圖選擇，按下區域後會將其地鐵站名放大。

放大

Step 5 確認目的地和票價

首次購買的單程票內會有新幣$0.10押金，搭乘到第三趟時才會將押金歸還。**請注意：** 售票機一次找零不會超過新幣$4，因此若購買新幣$1.60的車票，不可投入新幣$10。

Step 6 投入紙鈔或硬幣

紙鈔需靠左平放。

Step 7 交易成功

出現交易成功畫面。單程票由上方取票口取出，找零從下方取出口取出。

上方取票

下方拿零錢

■ 單程票也可加值

新加坡地鐵單程票使用過後可以加值再用。單程票票卡裡會有新幣$0.10的押金,所以若每次都重買,便每張都被收取相同的押金。第二次使用同張單程票時,只需至售票機加值單程所需金額,不會再被收取押金。一張票券最多可於購買30天內使用至6趟,6趟之後需重新購買一張新的單程票。單程票每次只可以購買1趟或來回,不可事先買好6趟。

⁉️ 如何退回單程票內的押金?

單程票的押金會在卡片購買第三趟旅程的時候直接扣除在車資之中,所以當卡片用了3次,就不會有押金在卡片裡面了。若一張卡片只用了1、2次,是無法退回新幣$0.10的押金。而當用到第六趟時,可以另外享有新幣$0.10的折扣車資。

單程票加值Step by Step —

Step ① 點選加值頁面

按右方語言選項,進入中文主頁面,選擇右邊「將票卡或普通車票放置在閱卡器上」。

Step ② 添加行程

將單程票放置在上方閱卡器上,則會出現添加行程的頁面。左方會告知票值、所剩趟數和卡片到期日、尚可添加的行程趟數。點選「添加行程」。

Step ③ 選擇目的地

可用站名直接搜尋或從地鐵圖上搜尋。

Step ④ 投入金額

投入畫面所顯示的金額,在加值完成訊息結束前不要移動票卡。

Step ⑤ 加值成功

加值成功後上方閱卡器會亮綠燈,主畫面則會顯示尚可添加的行程數,如需找錢,記得從下方出錢口領取。

交通篇

持ezlink暢遊新加坡

　　ezlink就像是台北的悠遊卡一樣，只要儲值了便可以暢遊整個城市。持ezlink不只可以搭乘地鐵、公車、輕軌，部分商店還可以使用ezlink支付。

購買ezlink

　　ezlink可在各大車站的售票櫃檯、便利商店7-11和小賣店Buzz購買。首張ezlink在車站購入價格會比7-11購入多新幣$2。製卡費新幣$5一律不可退還。

ezlink購票價格

購買地點	售價 (新幣)	可用車資 (新幣)	製卡費 (新幣)
車站購買	$12	$7	$5
7-11購買	$10	$5	$5

(製表／張念萱)

ezlink儲值Step by Step

 Step **找到儲值機台**

 Step **選擇語言**

多數機台都有中文選項。

 Step **放置票卡**

將車票放在儲值感應台上。

 Step **選擇加值方式**

　　一般多選擇右上角的Add Value (All options)，可選擇要用信用卡或是現金來儲值。最低加值金額為新幣$10。

 **Step** **投入欲加值金額並確認**

　　投入欲加值金額後等待確認頁面亮起時確認金額，正確的話請按OK。

 Step **加值成功**

　　出現Transaction Successful加值成功畫面後才可將ezlink卡取回。如需打印收據，按右下角Receipt。

 Step **取出收據**

收據會從下方掉出。

⁉️ 如何查詢ezlink餘額

1. 前往車站售票機確認，只要將ezlink放在感應台上，無需按任何選項，餘額便會自動顯示出來。
2. 每次出站扣款時會顯示卡片餘額。

將卡片放在感應台上

餘額顯示

路人馬路分段過

在新加坡常常會看見在馬路邊豎著藍底的路人穿越牌，由於許多馬路需要分段過，若有看見這個穿越標誌，可先走斑馬線到中央的等待區。這一小段斑馬線是沒有號誌的，所有的轉彎車都必須讓路人先行，因此不需要在路邊傻傻等候。

▲行人優先穿越路號誌

▲這一小段斑馬線可以先過，然後到等待區遵守紅綠燈號誌繼續過下一段

▲紅綠燈需要行人按下啟動鈕才會變換，有時離峰時間若不按，則不會出現綠燈

▲行人在等待區等候綠燈

退回ezlink可用餘額

旅客可前往車站的旅客服務中心辦理退費，通常旅客都會選擇樟宜機場的地鐵站櫃檯進行退費。

買ezlink還是買單程票？

若你不知道該購買ezlink或單程票，看看右頁的比較表格，尋找出自己的需求。

ezlink APP使用方式

若是住在新加坡的外國人持有FIN號，則可以登入ezlink APP管理你的ezlink卡片。基本功能如餘額顯示、線上加值、消費記錄、卡片掛失等都可以輕易在ezlink APP上操作。

Nien's ezlink		
BALANCE $ 21.53	CAN ID 1000 1700 Expiring on 16/05/2023	
Auto Top Up EZ-Reload	Rename	Card Blocking Report Lost

Transactions

	Public Transport DTL Service Provider	- $0.83
	Public Transport CCL Service	+ $10.00
	Public Transport CCL Service	- $0.83
	Public Transport SBS Bus Service	+ $0.68

ezlink和單程票比較表

票種	ezlink	單程票
車票樣式		
購買地點	各大地鐵站、7-11、Buzz	各大地鐵站
押金(新幣)	$5製卡費(不可退)	$0.10(搭第三趟時退回)
儲值地點	各大地鐵站、7-11、便利商店Cheers	各大地鐵站
最低儲值金額(新幣)	$10	無
可使用交通工具	地鐵、公車、輕軌	地鐵
使用期限	5年	30天
建議使用對象	1.行程未定，可能會移動多處的旅客。 2.會搭乘到地鐵和公車的旅客。 3.想省去每次搭地鐵前排隊買單程票時間的旅客。	1.行程中無需移動太多地方的旅客。 2.儲值新幣$10太多，最後一日離開新加坡沒時間辦理退費的旅客。 3.已有行程規畫，單程票會比ezlink划算的旅客。

在地人經驗談
1.各大觀光勝地，例如濱海灣站Bayfront，票券儲值機時常大排長龍，若購買單程票則需要花不少時間在購買票券上。
2.若想使用ezlink搭乘公車，建議卡票中預留新幣$3左右，以免下車時車資不足。公車上無法儲值ezlink，只能另外購買單程公車票。

(製表／張念萱)

❤ 貼心 小提醒

地鐵禁止飲食、攜帶榴槤

新加坡的地鐵和台灣的捷運一樣，禁止任何飲食。至於禁止攜帶榴槤這項特殊的規定，全世界大概只能在新加坡看到了。由於榴槤在新加坡是非常普通的水果，不少人會買回家享用，但那特殊的氣味一進入密閉空間可是很難散去的。雖然目前沒有針對帶榴槤上車項目的罰款，但還是盡量別帶，以免遭人白眼。

No durians

如何搭乘地鐵

搭乘地鐵Step by Step

Step 1 尋找地鐵站

新加坡的捷運站外都有捷運的明顯黃色標誌。

Step 2 進入車站

通常月台都在地下或2樓。**請注意**：搭乘手扶梯記得靠左邊站。

Step 3 購買車票

若還沒有買ezlink儲值卡，需先至車票販賣機買票。

Step 4 刷卡進站

與台灣的捷運相似，出入站都要刷卡。

Step 5 找到月台

找到月台後記得再看一次旁邊的路線圖，確認沒搭錯方向。

Step 6 搭乘地鐵

車廂內除了每站都會有站名的廣播，還可以看車廂內的跑馬燈告示。

Step 7 出站

「Way out」和「Exit」都是指出口的方向。

 刷卡出站時可看扣除款項和卡片餘額

🫘 豆知識

新加坡輕軌Light Rail Transit

在新加坡的地鐵圖上，會看見有3條輕軌在比較郊區的地方，分別是武吉班讓輕軌(Bukit Panjang LRT)、盛港輕軌(Sengkang LRT)、榜鵝輕軌(Punggol LRT)，一般觀光客比較少機會使用到這三條輕軌。輕軌採用無人駕駛，一樣可以使用ezlink卡搭乘。

搭乘公車

搞懂公車搭乘訣竅，可以尋訪更多新加坡之美。

新加坡的公車網絡相當發達，班次多、車內清潔，許多人都是靠著公車來通勤。對於觀光客來說，公車搭乘方式不若地鐵便利，但若搞懂搭乘公車的訣竅，靠著公車可以抵達新加坡更多的地方。

購票方式

建議旅客若想搭乘公車，最好準備好ezlink(建議內含新幣$3以上車資)，上下車皆需刷卡。若購買單程票需上車時向司機以現金購票，票價較不優惠、需自備零錢，且不少站名不好發音，可能會有語言上的溝通困難。

看懂新加坡公車站

車站

公車站牌上會有車站的代碼和車站名，許多行駛過國宅的車站都以blk+數字來命名，對外國觀光客來說並不是很容易理解。若搭配使用公車APP，查詢車站的代碼最為準確。亭子上的名字為路名，並不是車站名稱。

車站代碼

車站名

行駛公車號碼

路名

路線圖

在車站看到的路線圖只從該站開始標示，看不到前面的站名。右下方則標示車資計算方式。現金支付車資會比ezlink貴上許多，3.2公里以下的車程用現金付款需新幣$1.50，ezlink只要$0.83。

路線圖解析

路線圖上會標註路名，顏色不同則是代表車資的遞增，Dist的數字是代表從本站算起的距離公里數。

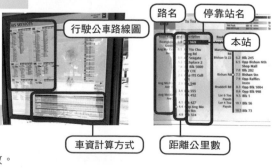

行駛公車路線圖

路名

停靠站名

本站

車資計算方式

距離公里數

實用公車APP SG Buses

新加坡的公車對於觀光客並不是太友善，但若配合APP，仍可順利抵達目的地。

SG Buses使用Step by Step

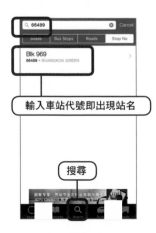 Step **尋找公車站**

若人已在外面，可以尋找最近的公車站牌「nearby」，會出現好幾個可能的選項，可尋找離自己最近的一個站牌。

選擇最近的公車站

若尋找不到，或是想要預先查詢公車，可從「search」內尋找公車站名、公車站代碼或公車號碼開始。

輸入車站代號即出現站名

搜尋

Step **可搭乘公車資訊**

按進車站後會看見所有行經本站的公車。數字代表等待時間，Arr則為即將進站。數字綠色為有座位、黃色為須站立、紅色為非常擁擠。若為雙層公車也會以double deck標記。

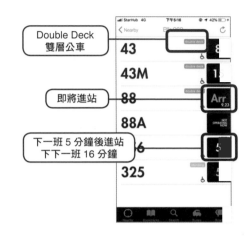

Double Deck 雙層公車

即將進站

下一班 5 分鐘後進站
下下一班 16 分鐘

Step **公車移動資訊**

選擇欲搭乘的公車號碼後，會進入地圖。藍色座標為使用者所在地，移動中綠點為公車現在位置。搭上公車後仍可繼續使用，持續追蹤，便可知道自己已到哪一站。

欲搭乘公車號碼

即將進站公車所在地

使用者所在地

搭乘新加坡公車Step by Step

Step 1 ### 找到站牌

在公車站牌前等待,車快靠站時記得舉手招手。

Step 2 ### 前門上車

請記得一律從前門上車。

Step 3 ### 上車刷卡

上車後會看見左右兩邊各有一台刷卡機,兩台都可以刷。機台上會顯示Entry/Exit,後門只有Exit功能,因此無法從後門上車。

Step 4 ### 物品放置空位區

若有行李、輪椅、嬰兒推車可放置在空位區。

Step 5 ### 下車按鈴

要下車前記得按下車鈴。

Step 6 ### 下車時記得刷卡

尚未到站時刷卡機會先出現叉叉,此時還不要刷。

等到出現站名、叉叉消失後可刷卡。

刷卡時會出現扣除款項以及剩下餘額。

搭乘計程車

多種款式計程車可以挑選，收費標準不一。

在新加坡的街上，可以看見許多不同款式的計程車，不像台灣的計程車都是黃色。目前在新加坡有7間計程車公司，每間公司都有不同的收費標準，使用的車款也略有不同。

車資計算與額外收費表格

新加坡的計程車跳表起價雖然不會特別貴，但是額外的收費項目非常多(見下方表格)，建議在搭乘之前可以自己先稍微估算一下。

收費項目	價格(新幣)
事先預訂收費：週一～五06:00～09:30、週一～日與國定假日18:00～00:00	$3.30
事先預訂收費：上述時間以外之時段(包含週六、日、國定假日)	$2.30
路邊、計程車招呼站的起跳價	$3～3.40
10公里內每400公尺、10公里後每350公尺加價	$0.22
每45秒等候時間	$0.22
過路費用ERP (Electronic Road Pricing)	依照實際被徵收金額
夜間加成：每日00:00～05:59	里程數金額 x 0.5倍
尖峰時段加成：週一～五06:00～09:30、週一～日與國定假日18:00～00:00	里程數金額 x 0.25倍
市區乘車額外收費：週一～日與國定假日17:00～00:00	$3
樟宜機場乘車額外收費：週五～日17:00～00:00 其餘時段	$5 $3
濱海灣金沙商城、酒店乘車額外收費：週日與國定假日06:00～16:59	$3
聖淘沙乘車額外收費	$3

(製表／張念萱)

計程車招呼站

大部分的賣場、地鐵站外都會有專用的計程車招呼站，新加坡的計程車數量不少，只有在雨天和上下班時間會比較難招到車。若真的找不到計程車站亦可以路邊隨招隨停碰碰運氣，除非遇上市區某些路段管理較嚴，司機可能不會冒險停車。

欲查詢新加坡計程車資訊，可上官網 www.taxisingapore.com。

交通篇

使用Grab叫車

新加坡近幾年開始，在街上搶計程車已經不是常態，人人盯著手機等待「Grab」司機出現才是日常生活的一部分。

Grab是新加坡的公司，和Uber營運模式類似，民眾可以用私家車載客人，全部都以手機APP聯絡，不過Uber在日前已退出新加坡市場，因此現在新加坡主要是由Grab和Gojek兩間公司提供此服務。以下示範使用Grab訂車的步驟介紹。

使用Grab訂車Step by Step

Step 1 點選Transport選項

選Transport進行叫車選項。

Step 2 輸入上車地點和目的地

若上車地點有好幾個出口，或是目的地有好幾個出口，會出現更細的選項，記得點選正確才不會接不到人，或送到錯誤的地方。

- 上車地點
- 目的地
- 更細節的上下車地點

Step 3 選擇你想要的乘車類型

每種類型後面都會標註價位。

JustGrab：離客人最近的車，因此可以馬上來載，此種類最貴但也最能省下等車的時間。

Grabshare：司機在沿路可以收其他的客人上下車，車上可能不只你一位客人。有時會為了多載一人而繞遠路，雖然便宜一些，但不建議趕時間的人使用。

Standrad Taxi：有些計程車司機也有加入Grab，若想要搭一般的計程車可以選此選項，收費以跳表計費。

GrabHitch：順風車。這項服務最為便宜，你也可以提早在前一天就訂車，可放指定日期和時間，看看有沒有司機會想要接，若有司機接受此訂單，系統會跳出提醒告知。

GrabCar Plus：使用的車齡為3年以內。

GrabCar 6：6人座車，若人多的話可以選這種。

貼心 小提醒

親子遊請選Grab Family

若與135公分以下孩童同行，別忘記要叫「Grab Family」，因孩童需坐在兒童專用座椅上。若叫其他種類的Grab，車上沒有兒童專用椅，司機可是會拒載的。

Step 4 選定開始叫車

選好後系統會開始幫你找車。

Step 5 確認所選司機

找到司機後會告知司機姓名和車牌、車種資訊。

Yay, we found you a driver

Congratulations, your booking was prioritised!

- 司機照片
- 司機姓名 —— XXXXXXX
- 司機評價 —— ★★★★★
- 車牌 —— XXXX
- 車款 —— Toyota Wish

Step 6 預告抵達時間

告知還有多久車才會到，和司機現在的位置，好讓等車乘客知道現在車況如何。

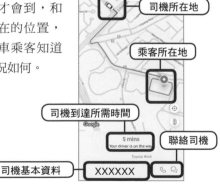

- 司機所在地
- 乘客所在地
- 司機到達所需時間 —— 5 mins / Your driver is on the way
- 聯絡司機
- 司機基本資料 —— XXXXXX

Step 7 司機抵達

系統通知司機已經抵達。若不在5分鐘內搭車，會有額外的費用產生，所以記得在叫車之前先做好出門的準備。

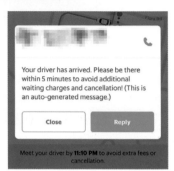

Your driver has arrived. Please be there within 5 minutes to avoid additional waiting charges and cancellation! (This is an auto-generated message.)

Close　　Reply

Meet your driver by **11:10 PM** to avoid extra fees or cancellation.

Step 8 預計抵達目的地時間

上車之後系統會顯示預計抵達時間。地圖上也可以看見自己乘坐的車輛是否按照預計的路線移動。

- 車輛所在地
- 目的地
- 預計下車時間 —— 11:19 PM / Expected drop off

Step 9 付款

若一開始有在系統內輸入信用卡號，並選擇付款方式為信用卡，則可直接下車。若選擇用現金，則下車前付錢給司機。

交通篇

乘坐巴士遊覽新加坡，也是一種愉快的體驗。

(圖片提供／溫士吞)

新加坡的觀光產業非常興盛，作為東南亞的轉機樞紐，不少外國觀光客在轉機之餘，也會進入市區進行1～3天的觀光。若你也是時間有限，但又想要將新加坡的樣貌大致觀覽一遍，無限制搭乘的觀光巴士將會是個不錯的選擇，只不過這類一日無限制搭乘的觀光巴士缺點就是價格昂貴。

天氣好的時候可坐在上層欣賞街道上的美景，就算不每站都下去觀光，也是一種享受。車上都備有語音導覽系統，因此沒有導遊也可以聽到關於新加坡的故事。

City Sightseeing Bus

http city-sightseeing.com/en/106/singapore/

紅色車體的City Sightseeing Bus有2條路線37個車站。24小時票價為美金$32.25、48小時票價則為美金$39.74。(票價隨時更動，請以官網售價為主。)

Big Bus Singapore

http www.bigbustours.com/en/singapore

深紅色車體的Big Bus有4條路線40個車站。24小時票價為美金$31.10、48小時票價則為美金$37.70。(票價隨時更動，請以官網售價為主。)

Fun Vee City Tour

http citytours.sg

橘色車體的Fun Vee City Tour有3條路線40個車站。一日票價為新幣$43.90，若想增加夜間行程則為新幣$52.80。(票價隨時更動，請以官網售價為主。)

Duck Tour 鴨子船

http citytours.sg

鴨子船是新加坡知名的觀光方式之一，不但可以在水上行駛還可以開到路面上去，因此可以讓遊客水陸兼備，一次看到兩種不同的新加坡風貌。鴨子船為固定行程，約1小時左右，全程有專人導覽，票價為新幣$35。(票價隨時更動，請以官網售價為主。)

(照片提供／吳家萱)

行家祕技 網路訂觀光巴士有優惠

若已經規畫好要搭乘此類觀光巴士，建議提前在網路上訂購票券。近幾年有不少票券、一日遊販售公司，例如KKdays、KLOOK，有時候會找到還不錯的優惠，可能比官方網站販售的票價便宜不少。

住宿篇
Accommodations

住宿種類多，該如何選擇？

為你提供青年旅館、商務旅社、星級酒店價位分析，以及指標性酒店介紹，
幫助你在訂房前，對新加坡旅館有基本認識。

選擇與預定住宿

地點安全與住宿便利才是上策！

新加坡觀光活動興盛，近年來市區蓋了各種不同價位的飯店，擺脫以往新加坡只有昂貴飯店的印象。除了價位是一大考量，所在地點也非常重要。預定前先考慮以下因素，再尋找心儀的飯店吧！

選擇飯店交通位置 (住宿區域)

如果想以地點來挑選飯店，請記住以下三點守則：

■ 地鐵大站，能有兩條線以上經過更好。
■ 機能良好，飯店周圍就有餐廳商場。
■ 治安良好，遠離風化場所確保安全。

至於符合上述考量的地點有哪些？哪些地方又該避開？請參考以下表格。

不推薦住宿區域

區域	理由
芽籠(Geylang)	此區為風化區
克拉碼頭(Clarke Quay)	此區有不少酒吧、夜店林立，晚上較不寧靜，路邊喝醉的人多

推薦住宿地鐵站

站名	特色
武吉士站(Bugis)	有2線地鐵，車站周邊吃逛完備，餐廳也開至較晚，非常熱鬧
市政大廈站(City Hall)	有2線地鐵，位於市中心，周圍有不少知名建築地標，餐廳也很多
萊佛士廣場站(Raffles Place)	有2線地鐵，位於市中心，許多公司行號都聚集在此，餐廳、購物商城完備
牛車水站(China Town)	有2線地鐵，中國城內非常熱鬧，尤其吃的選擇非常多，通常商店的歇業時間比較晚
多美歌站(Dhoby Ghaut)	有3線地鐵，是轉車的主要樞紐之一，住在這裡基本上前往各景點可省去轉車麻煩
烏節站(Orchard)	只有1條地鐵線，但卻是新加坡的市中心與逛街購物主要地段，在地鐵之外，公車也很發達

(製表／張念萱)

住宿類別

青年旅館

新加坡這幾年有不少富有設計感的背包客旅館，一改以往青年旅館給人的印象。

- ■**價位：**床位每晚約台幣300～500元
- ■**適合入住族群：**背包客、單人旅行者、預算有限、喜歡結交朋友者。
- ■**缺點：**住房空間沒有隱私、共用衛浴。多人共室難免吵雜，故不推薦淺眠者入住。

一般商務飯店

市區地鐵站旁有不少一般價位的飯店，雖然房內活動空間有限，但能保有自己隱私、好好睡一覺。

- ■**價位：**雙人房每晚約台幣2,500～3,500元。
- ■**適合入住族群：**需要自己空間、住宿預算適中、要求一定品質者。

四星以上飯店

新加坡有許多歷史悠久的四星級以上飯店，雖然要價不菲，但若每天能在優美的環境中醒來，也是旅途中美好的回憶之一。

- ■**價位：**雙人房每晚台幣6,000起。
- ■**適合入住族群：**對住宿要求高、出國就是要享受、喜歡入住氣派酒店、住宿預算寬裕者。

度假村

在聖淘沙有不少度假村風格的酒店，光在酒店內就可以消磨上一整天，配合東南亞溫暖的天氣，浸泡在泳池中，實在是度假中的一大享受。同時也非常適合有小孩的家庭入住。

- ■**價位：**雙人房每晚台幣6,000元起，家庭4人房每晚台幣8,000元起。

貼心 小提醒

Airbnb在新加坡不合法需注意

風行世界的新型住宿型態Airbnb，雖然亞洲總部設在新加坡，但在新加坡此類住宿模式並不合法。新加坡政府規定短租必須至少為6個月以上，因此Airbnb尚未能夠合法化，消費者也未能受到任何權益上的保護。

行家祕技　機場現場預訂

Changi Recommends是由樟宜機場集團所設立，在機場的所有航站都有設點，營業時間為24小時。在Changi Recommends櫃檯不但可以幫你尋找飯店，還可以提供各式各樣的旅遊諮詢、租借Wi-Fi等。若真的臨時找不到飯店，不妨下飛機後來這尋求協助。

▲ 「Changi Recommends」現場幫你找飯店

豆知識

馬桶旁邊的噴頭是做什麼的？

不只是新加坡，在東南亞許多國家馬桶旁都會有一個噴頭。它不只拿來沖洗馬桶，也會被人拿來洗屁屁。噴頭操作容易，只不過有時水壓過強，建議使用前先試噴幾下再使用。只提供冷水，若對溫度較敏感的人可能得先「試試水溫」了。

預訂飯店

新加坡觀光客眾多，房源充足，但唯獨兩大盛事「12月31日跨年」、「F1方程式賽車大賽」時一房難求，若想在這段期間來新加坡，建議提前半年預訂飯店和機票。其他時候到訪建議提前3個月預訂。

各訂房網站特色說明

(製表／張念萱)

飯店網站	特色
各大飯店官方網站	各飯店不定期會推出特價或各種優惠活動，有時會比訂房網站來的更划算。
訂房網站	**特色**
Agoda http www.agoda.com	提供「A級機密價」，網站不會提供飯店名稱，要一直到付完錢後才會知道。若願意冒險，可以省個幾百～上千元。此類房源不可取消退費，下手前請三思。
Booking.com http www.booking.com	顯示價格會與稅金、其他費用分開，需以最後的總額為主。
Hotels.com http tw.hotels.com	可累積晚數，每10晚獎勵一晚免費住宿。(部分飯店未參與此活動，以官網公布為主。)
Expedia http www.expedia.com	顯示金額不含稅及其他費用，要到結帳最後頁面才看得到。
訂房比價網	**特色**
HotelsCombined http www.hotelscombined.com.tw	各大比價網站提供各訂房網的即時價格，建議可以在訂房前先來比價網看看。
Trivago http www.trivago.com.tw	「找飯店？Trivago」這句成功的廣告詞讓Trivago在短時間內成為知名的比價網。
Kayak http www.tw.kayak.com	雖在台灣仍不普遍，但在國外是非常知名的比價網站，可購買機票、預約飯店、租車。
民宿訂房網	**特色**
Airbnb http www.airbnb.com.tw	最知名的民宿訂房網，但目前Airbnb在新加坡並不合法，不建議作為訂房首選。

路上觀察 新加坡人倒垃圾

倒垃圾對新加坡人來說非常方便。有些人家在廚房就設有垃圾口，一部分建築則是設在每層的公共區域。這種倒垃圾方式快速且家裡不會囤積垃圾，但缺點是大樓的垃圾集中車容易有老鼠、蟑螂群聚，經過時也會聞到異味。也因倒垃圾太過方便，新加坡人幾乎不做垃圾分類回收。

▲ 每層樓都有一個垃圾口

▲ 用腳輕輕一踩蓋子就打開了

旅館推薦

從青年旅館到特色旅店，擁有許多選擇。

青年旅館

想要省錢出國，飛機可以選廉價航空、吃飯可以去熟食中心，若要在住宿上面節省的話，肯定就是選擇青年旅館了。新加坡有許多大大小小的青年旅館、膠囊旅館供遊客選擇，多半開在熱鬧的小印度、牛車水區域。價位從每人每晚新幣$10～40不等，建議在訂床位之前先閱讀其他住客評價再決定。

夢想小屋
Dream Lodge

這間青年旅館離地鐵站需要步行5分鐘，價位上比起同性質旅社還要高，但在網路上優質青年旅館排行中總是榜上有名。跳脫青年旅館常見的缺點，Dream Lodge肯定可以讓你對這類型旅館的想法改觀。旅社1樓除了服務櫃檯外，用餐區設計的像Café一樣，讓住客還可以在此辦公、聊天。客房內除了單人床外還設有雙人的床位，兩個人旅行也可以放心入住不會被分開。床下置物空間附鎖可放置行李箱。

http www.dreamlodge.sg

✉ 172, Tyrwhitt Road, Singapore 207574

☎ +65 6816-1039

➡ 地鐵濱海市區線明地迷亞
(Bendemeer)站步行5分鐘

▶ Dream Lodge房間內部

▲ 廚房也可自由使用

▲ 雙人床位

◀ 老宅改造的青年旅社

▲ 公共區域可用餐、可辦公

💗 貼心 小提醒

住青年旅館注意事項

建議攜帶整套個人盥洗用具，包含洗髮精、沐浴乳、毛巾、拖鞋等基本用品，大部分青年旅館都不提供。若沒有倒頭就睡的能力，建議使用眼罩和耳塞。

最好多以背包旅行而非行李箱，新加坡不少青年旅館是從2樓開始，且建築沒有電梯，若要扛行李箱走過狹窄樓梯間非常費力。青年旅館放置行李空位通常不大，東西太多也可能會壓縮到你的睡覺空間。

市區內商務旅館

新加坡的市區中有不少中小型的商務旅館，距離地鐵站步行5～10分鐘，機能方便，房內設施完備，若每晚的住宿預算約台幣3,000元 (雙人房)，要找到合適的住所並不困難。但有不少特價房型「沒有對外窗」，若對此有所顧慮的旅客，建議在下訂前先看清楚。

以下為幾間觀光客喜愛入住的飯店。

Hotel Boss

飯店樓下就是知名的「發起人肉骨茶」、新加坡傳統早餐「土司工坊」，還有其他美食一應俱全。由於房間數多，大廳人潮不斷相當熱鬧。

🌐 www.hotelboss.sg
💲 雙人房新幣$110～150起
➡️ 地鐵勞明達站(Lavender)步行約5分鐘

V Hotel

V Hotel旗下兩間飯店都離地鐵站超近，飯店周圍有美食街，機能便利。若入住Lavender分店，從飯店到樟宜機場有直達付費巴士(每人新幣$6，需提前預約)。

🌐 www.vhotel.sg
💲 雙人房新幣$110～150起
➡️ Lavender分店：地鐵勞明達站(Lavender)步行約1分鐘。Bencoolen分店：地鐵明古連站(Bencoolen)步行約1分鐘

▲ V Hotel Lavender ▲ V Hotel Bencoolen

Hotel Mi

離地鐵站超近，地鐵明古連站(Bencoolen)為藍線Downtown Line，去樟宜機場只需在地鐵博覽站(Expo)站轉車一次，且轉車點相當便利。飯店周圍有許多餐廳，還有步行即可到達的景點。

🌐 hotelmi.com
💲 雙人房新幣$140～170起
➡️ 地鐵明古連站(Bencoolen)步行約1分鐘

Hotel G Singapore

位於市中心，搭乘地鐵可以使用多條路線。價位較其他同等飯店貴一些，但室內設計感十足，時尚復古的設計為住宿帶來不同的體驗。

🌐 www.hotelgsingapore.com
💲 雙人房每晚新幣$150～$180起
➡️ 位於地鐵武吉士站(Bugis)、多美歌站(Dhoby Ghaut)、梧槽站(Rochor)、百勝站(Bras Basah)之間，有多條線可以使用

▲ 設計感十足的外觀

❤️ 貼心 小提醒

連鎖旅店Hotel81和飛龍酒店Fragrance Hotel

不少人在搜尋新加坡住宿時，會看見這兩家飯店有大量的房源，價格多在每晚新幣$100內，且大部分分店都位在交通方便的地區，但網路上對這兩間連鎖旅店評價非常不一。對新加坡人來說，這兩間旅店是屬於去「休息」的地方，因此有好幾間分店離風化區很近，出入的客人也會複雜一點。但若只是追求乾淨、簡單，有得睡又不需與別人共用空間，這兩間的CP值也算是蠻高的。

▲ 位在牛車水的Hotel 81

聖淘沙Resort度假旅館

聖淘沙是新加坡有名的度假勝地,因此飯店都是走度假風格,讓人可以徹底放鬆。其中以家族旅遊,和小孩同行的遊客特別喜歡入住聖淘沙區域,白天可以去環球影城、海洋館,晚上可以去賭場小試身手。但由於聖淘沙是針對觀光客所開發,因此島上的飯店可說是要價不菲。

聖淘沙名勝世界海濱別墅
Resorts World Sentosa Beach Villas

提起聖淘沙最浪漫的飯店,大概非海濱別墅莫屬了。踏入海濱別墅裡的海洋套房,房間內即是水族館!讓你可以不去人擠人,躺在床上便可享受4萬種的海底生物在你眼前優游的畫面。當然這樣獨特的套房價格也十分驚人,碰上特價也要每晚新幣$1,600起。

- http www.rwsentosa.com/en/hotels/beach-villas/overview
- ✉ 8 Sentosa Gateway, Sentosa Island, Singapore 098269
- ➡ 聖淘沙輕軌(Sentosa Express)海濱坊站(Waterfront Station)步行約10分鐘

▲聖淘沙名勝世界海濱別墅

硬石飯店
Resorts World Sentosa Hard Rock Hotel

硬石飯店除了是世界知名的連鎖飯店,在聖淘沙更有自己的人工沙灘和戲水區,是許多小朋友的最愛,只有房客可以使用。就算不入住,選擇在硬石餐廳用餐也是不錯的體驗。

- http www.rwsentosa.com/en/hotels/hard-rock-hotel-singapore/overview
- ✉ 8 Sentosa Gateway, Sentosa Island, Singapore 098269
- ➡ 聖淘沙輕軌(Sentosa Express)海濱坊站(Waterfront Station)步行約5分鐘

▲除了小朋友可在泳池戲水,爸媽也可以在泳池內的吧檯放鬆　　▲飯店附近也有硬石餐廳

聖淘沙香格里拉渡假酒店
Shangri-La's Rasa Sentosa Resort & Spa

五星級香格里拉酒店最出名的便是浪漫海景房,另外飯店私有的沙灘和泳池也獲得親子入住旅客的好評。飯店有免費接駁車往來新加坡本島Vivo City商場,交通上也很便利。

- http www.shangri-la.com/singapore/rasasentosaresort/
- ✉ 101 Siloso Road, Sentosa 098970 Singapore
- ➡ Vivo City怡豐城有免費接駁車,每20分鐘一班

▲飯店內的泳池　　▲飯店的私人沙灘

新加坡特色飯店

濱海灣金沙酒店
Marina Bay Sands

說到新加坡，有不少人直接聯想到最具指標性的金沙酒店，不只是因為它特殊的造型，頂樓無邊際泳池的美照，也讓大家留下深刻印象。不過金沙酒店的價格並不便宜，一晚至少都要台幣1萬元起跳，但若能住在新加坡最知名的地標，對旅客來說也是值回票價。

http www.marinabaysands.com/hotel.html

✉ 10 Bayfront Ave, Singapore 018956

☎ +65 6688-8888

➡ 連結海灣舫地鐵站

▲ 濱海灣金沙酒店

▲ 酒店客房

▲ 酒店大廳

■ 無邊際泳池

世界最大的天台無邊際泳池，長150米，位於金沙酒店57樓，從泳池可以眺望美麗的新加坡市景，游泳池畔種植了許多棕櫚樹，增添了南洋的氣息。泳池的開放時間為06:00～22:00，僅限入住金沙酒店的房客使用。由於許多人只是來此泡水兼拍美照，對於想真正在此游泳的房客可能會略嫌擁擠。

■ 金沙空中花園高空觀景台

想要眺望濱海灣美景，除了無邊際泳池外，在同樣57樓的高空觀景台也可以欣賞。金沙酒店的房客可享免費入場，外來訪客則要購買門票(新幣$23)進入，出入口在酒店3號塔樓。

🕐 週一～週四17:30～00:00、週五～週日09:30～23:00

■ 濱海灣金沙購物商城

飯店直接連結到濱海灣金沙購物商城，裡頭有名品街、美食街、戲院、博物館和賭場，你能想得到的玩樂這邊幾乎都有。不管是大人還是小孩，在裡頭都可以晃上一整天。

■ 濱海灣花園 Gardens by the Bay

濱海灣花園建於2012年，是新加坡重要的夜景之一。花園就位在金沙酒店正後方，步行過去不到5分鐘的距離。一部分面對花園的客房，只要窗簾一打開，這片美麗的夜景就會映入眼簾。

▲ 可點杯飲料一邊享受美景

▲ 無邊際泳池
(圖片提供／溫土吞)

▲ 濱海灣金沙購物商城

萊佛士酒店
Raffles Hotel

　　萊佛士酒店於1887年開業，以新加坡的開拓者史丹佛萊佛士(Stamford Raffles)來命名，飯店建築古色古香充滿殖民色彩，是著名的古蹟之一。許多政商名流都曾下榻於此飯店，也是遊客們就算不入住也會想造訪的地方。飯店內的酒吧Long Bar是知名調酒新加坡司令(Singapore Sling)的發源地，這裡有著邊喝酒邊吃花生，並把花生殼丟在地上的傳統，可說是五星級飯店的奇景之一。

http www.rafflessingapore.com
➡ 地鐵濱海中心(Esplanade)站步行1分鐘、地鐵政府大廈(City Hall)站步行約5分鐘

▲ 來這裡喝新加坡司令一定要配花生(圖片提供／吳家萱)

富麗敦酒店
Fullerton Hotel

　　建於1928年，這棟建築曾經為新加坡郵政總局、交易所、交易所參考圖書館。飯店和魚尾獅公園只相隔一條馬路，是觀光客經常造訪之處，裡頭展示從前郵政總局的史料，可以免費參觀。雖然是極具有歷史的建築，但內部的裝潢嶄新典雅，一點都感受不到陳舊的感覺。富麗敦酒店擁有400間客房和美麗的宴會廳，也是許多新加坡人夢想中的婚宴場所之一。

http www.fullertonhotels.com
➡ 地鐵萊佛士坊(Raffles Place)站步行約4分鐘

▲富麗敦酒店

富麗敦海灣酒店
Fullerton Bay Hotel

　　富麗敦海灣酒店位於濱海灣邊，從客房向外看，可將濱海灣包含金沙酒店建築美景一網打盡，這裡可說是每年跨年煙火秀最佳視野之一。就算不入住飯店，也可去參觀令人驚豔的豪華大廳，或是在此享用美味的下午茶。

http www.fullertonhotels.com
➡ 地鐵萊佛士坊(Raffles Place)站步行約4分鐘

皮克林賓樂雅酒店
Parkroyal on Pickering

　　皮克林賓樂雅酒店就位在中國城，飯店的外觀很難讓人忽略它，整棟大樓綠化的程度用「都市叢林」來形容也不為過。飯店內綠意盎然，採用許多環保方式回收能源再利用，得到了2018年世界綠能飯店大獎。5樓的空中花園和無邊際泳池，是不少旅客喜愛的拍照景點之一。

http www.panpacific.com
➡ 地鐵牛車水(China Town)站步行約2分鐘

飲食篇
Gourmet

來到亞洲美食天堂新加坡，必吃什麼？

從熟食中心到米其林餐廳，海南雞飯、福建麵、椰漿飯、辣椒螃蟹、肉骨茶，去哪吃好？怎麼吃好？
本章節將新加坡美食一網打盡。

餐廳種類

餐廳風格眾多，你一定可以選到心愛的美食！

新加坡為東南亞的美食重鎮，「吃」在旅程中占據了很重要的一部分。許多遊客總是有長長的必吃清單，但想吃的東西再多，胃口還是有限，不妨在出發前先做功課，讓你能在短短幾天內品嘗到最多的美味。新加坡的吃可以很貴，但也可以很便宜。可別覺得便宜一定沒好貨，這裡有不少人氣美食，就隱身在市井小民最愛的平價熟食中心裡！

熟食中心 Hawker Center

多在半戶外的場地，座位多、沒有冷氣，部分地方會提供電扇。熟食中心可以說是新加坡人的飯廳，午休去熟食中心用餐、晚餐回家前去熟食中心打包食物，是生活中的一部分。通常熟食中心的食物價位較便宜，新幣$5內就可飽足一餐。

美食街 Food Court

美食街多設立在賣場內，因此營業時間跟著賣場一起。由於位在賣場，所以有舒適的冷氣，也可以使用賣場內的洗手間。美食街的價位較熟食中心高一點，平均一餐在新幣$10內。

一般餐廳 Restaurant

新加坡是個多種族國家,因此擁有豐富的異國料理餐廳。在星國的餐廳用餐,除了需要多付10%服務費外,還要另外支付7%的GST消費稅,所以餐點的價格最後需加上17%才是真正需支付的金額。不少餐廳的濕紙巾和水都要另外加錢,建議使用前先詢問清楚。

 豆知識

點餐中文大不同

新加坡雖然華語也通,但和我們使用的中文多少有些不同,以下介紹常被搞混的點餐中文。

台灣說法	新加坡說法
內用	吃的
外帶	包的
飲料	水
吸管	水草
零錢	散錢
漲價	起價
熱炒	煮炒
熱的	燒的

(製表/張念萱)

外送美食 Delivery

白天走了一整天,晚上回到飯店鐵腿再也走不動,但又想品嘗新加坡美食!這時候新加坡發達的外送APP就派上用場了。由於天氣炎熱,近年來不少人使用外送APP購買餐點,有時候使用優惠券或搭配優惠活動,可能比親自去餐廳用餐還便宜。

 ### Grabfood

Grab現在不只是叫車軟體,生意做到連外送都包辦。不用另外下載外送APP,可直接使用Grab裡頭的點餐選項,Grab內累積的點數都可以通用。

 ### foodpanda

世界知名的外送服務APP,與當地小吃攤也有合作。

 ### Deliveroo

世界知名的外送服務團隊,擁有大量的餐廳供選擇。

honestbee

成立於新加坡的公司,不只可以外送餐廳食物,連超市的生鮮食品都可以幫你送到家。

貼心 小提醒

貨比三家不吃虧

外送APP會依據你所在的位置,提供可宅配的餐廳,有時候同一間餐廳在不同的外送APP上價格略有差別,建議貨比三家不吃虧。另外,外送APP上的菜單價格可能會比餐廳內還來得貴,還要另外收取外送費用。

新加坡熟食中心

不僅品嘗美食，也可一窺新加坡人的日常。

在 小小的新加坡，居然有超過100個熟食中心。規模有大有小，知名度也各有不同。在熟食中心裡，有些生意好的攤位常常會提前打烊，若有必吃的口袋名單，建議先查詢好營業時間和公休日期。

麥士威熟食中心
Maxwell Food Centre

➡ 地鐵牛車水站步行約10分鐘

麥士威熟食中心位於中國城鬧區旁、佛牙寺對面，因此是許多遊客會順道造訪的熟食中心。除了大名鼎鼎的天天海南雞飯外，還有很多美食值得一嘗。到了用餐時間常常一位難求，建議避開用餐時間。

▲ 麥士威熟食中心

樟宜村熟食中心
Changi Village Hawker Centre

➡ 公車2、59、109號在樟宜村Changi Village下車

樟宜村位於新加坡東部，由於交通較不方便，很少遊客會專門前往用餐。若有計畫要去烏敏島騎腳踏車的旅客，需要從樟宜村搭船，不妨在此用餐後再出發。樟宜村熟食中心最出名的就是椰漿飯，有好幾間攤子總是大排長龍。

中峇魯市場
Tiong Bahru Market

➡ 地鐵中峇魯站Tiong Bahru步行約10分鐘

中峇魯市場已有50多年歷史，用餐區重新裝修過後明亮乾淨，是許多新加坡人喜愛的熟食中心之一，其中滷麵和水粿都非常出名。中峇魯市場周邊很值得走一走，沿路可以看見懷舊風的壁畫、有特色的咖啡廳和書店，是文青打卡的熱門景點。

▶ 中峇魯市場

老巴剎熟食中心
Lau Pa Sat Hawker Centre

➡ 地鐵萊佛士坊站Raffles Place步行約10分鐘

位於金融區中心的老巴剎熟食中心，又名直落亞逸市集(Telok Ayer Market)，是新加坡重要的地標之一，擁有八邊形建築、拱門、維多利亞時代的立柱，橘紅色的屋頂在市區中特別醒目，1973年新加坡政府將其列為國家古蹟。除了富有歷史、交通方便，老巴剎外的沙嗲街也是觀光客的最愛。沙嗲街約從下午6點後開始營業，街上飄著香味撲鼻的烤肉味，遊客都會邊吃沙嗲，邊喝當地知名的「虎牌啤酒」，體驗新加坡人的生活。

▲ 沙嗲街(圖片提供／吳家萱)

紐頓熟食中心
Newton Food Centre

➡ 地鐵紐頓站Newton步行約2分鐘

紐頓熟食中心位在市中心，從烏節路亦可以步行抵達。2018年電影《瘋狂亞洲富豪》也曾在這拍攝，讓原本就出名的紐頓熟食中心，成為人氣最旺的熟食中心之一。不只是交通方便，這裡的海鮮快炒特別出名。

▲戶外開放式座位區

熟食中心使用守則

熟食中心是新加坡人最常用餐的地方，在這裡旅客可以最貼近當地人的生活。既然是當地人常去的地方，自然就有些外人不知道的潛規則，特別在此介紹。**請注意：熟食中心只收現金。部分熟食中心的公共廁所需要付費，費用為新幣$0.20。**

熟食中心用餐Step by Step

Step 1 搜尋座位

熟食中心多在室外或半室外，新加坡天氣炎熱，建議尋找有遮蔽的地方，盡量不要坐在樹下，以免被樹上的鳥兒「加料」。熟食中心由於沒有冷氣，許多地方會放置風力超強的電扇，若不喜歡被電扇直吹，建議另尋他位。

Step 2 面紙占位術

新加坡人找到位置後，通常都會丟包面紙在桌上，代表「這個位置有人坐了」！入境隨俗，你也可以放包面紙來占位。

▲ 先放包面紙占位，記下桌號點餐去

Step 3 記下桌號點餐去

占位後不要忘記記下桌上的號碼。有些餐點準備時間較長，老闆會先詢問你桌號，之後再幫你送到桌邊。若沒有詢問桌號，則代表需要自己端回座位。

行家祕技 Kopitiam(咖啡店)點飲料術語

　　想融入當地早餐文化，去一趟Kopitiam準沒錯。但在Kopitiam內的飲料種類變化多，若不照當地點飲料術語，店員可能搞不懂你想要喝什麼。以下介紹的術語學起來後，就不怕點錯飲料啦！

新加坡早餐術語

(製表／張念萱)

基本篇	
唸法	意思
Teh	紅茶＋煉乳＋糖
Kopi	咖啡＋煉乳＋糖
C	加淡奶
C-Kosong	加淡奶不加糖
O	加糖不加煉乳
O-Kosong	不加糖也不加煉乳
進階篇	
唸法	意思
Siew Dai	少甜
Ga Dai	加甜
Gao	厚(濃厚)
Poh	薄(加水稀釋)
Bao	打包帶走
Bing	冰(加冰塊)

〔基本篇〕實際運用

Kopi C＝咖啡＋煉乳＋糖＋淡奶
Teh O＝紅茶加糖不加煉乳
如果真的搞不懂清楚的話，直接點一杯最道地的Teh或Kopi是最簡單的了！

〔進階篇〕實際運用

Kopi＋O＋Siew Dai＋Bing＝冰的黑咖啡，少糖
Teh＋O-Kosong＋Bao＝紅茶不加糖、也不加煉乳，打包帶走

 豆知識　　　　　　　　　　重要！

吃完後如何回收餐盤

　　新加坡的餐盤回收區(Tray Return Station)都有分Halal和Non-Halal，Halal為清真食物專用的餐盤回收區，通常是綠色的餐盤；其他則需放置在Non-Halal。若要知道自己所點的餐點是否為清真食物，只需看店家有沒有放置清真標誌即可。不過大多數新加坡人沒有自己回收餐盤的習慣，這點和台灣的習慣大不相同。

▶左邊「Halal」就是放置清真食物專用的回收區

▶比較新的熟食中心，但仍維持Halal標誌為綠色

▶清真標誌

▶熟食中心都設有洗手檯

新加坡傳統早餐

不妨嘗一嘗全天都供應的新加坡早餐！

新加坡有不少早餐店，而且早餐是全天候供應，所以遊客就算晚點起床，也不用擔心吃不到傳統的美味星式早餐。咖椰吐司(Kaya Toast)、半熟蛋，再配上一杯熱茶或咖啡，這就是新加坡人一天的精力來源。

傳統早餐內容

通常早餐店都會有套餐組合，各式吐司＋半熟蛋2顆＋熱飲。不少早餐店的Set A都是咖椰吐司，其他套餐組合還會有法式吐司、咖椰花生醬吐司等。若無法接受半熟蛋則建議單點即可。

吃半熟蛋Step by Step

Step 1 將半熟蛋打入碟子中

通常店家會直接給客人2顆已經剝殼的半熟蛋，但有部分店家會直接把2顆蛋給客人，讓客人自己打進碟子中。

Step 2 加入醬油和胡椒粉

依照個人口味加入醬油和胡椒粉，有些店會提供黑醬油和一般醬油供選擇，黑醬油的口味較重。

▲加入醬油　　▲加入胡椒粉　　▲左邊顏色較深的為黑醬油

Step 3 拿小湯匙攪拌

雖然經過攪拌後看起來不太美觀，但對不少人來說可是人間美味。

▲一般醬油攪拌後　　▲黑醬油攪拌後

當地特色美食

新加坡人心中第一名的國民美食：海南雞飯

海南雞飯 Chicken Rice

從前的華人移民潮，為新加坡帶來了海南美食「雞飯」，而海南雞飯現在則在新加坡穩坐國民美食第一名的寶座。海南雞飯除了有讓人回味無窮的滑嫩雞肉，另外一個受大家喜愛的原因，在於它味道不凡的「飯」。雞飯所使用的飯是用雞高湯、薑、班蘭葉烹煮而成，因此不少人認為，

海南雞飯好吃的關鍵在於「飯」而非雞。在新加坡，海南雞飯的價格，可以從五星級大飯店一份新幣\$30的雞飯，到熟食中心一份新幣\$3的雞飯不等，這道必吃美食絕對可以滿足任何預算的旅客。

威南記雞飯餐室

威南記除了在新加坡享譽盛名，擁有4間分店，近年也積極在海外展店，甚至在台灣都看得到威南記的蹤跡。威南記的雞肉較軟嫩、油脂豐富，除了招牌的白雞之外，還有燒雞和油雞可選擇。用餐時段常需要排隊。

http 臉書搜尋Wee Nam Kee Chicken Rice

$ 每人約新幣\$5～10

文華酒店 Chatterbox

位於文華酒店5樓的餐廳Chatterbox有著堪稱新加坡最昂貴的海南雞飯，一份要價新幣\$32起，大約是熟食中心雞飯售價的5倍。由於用餐環境佳、又是有名氣的飯店，加上得過大獎，因此不事先訂位可能還會吃不到。

http ppt.cc/fuBNmx (可直接於網頁上預約)

$ 每人約為新幣\$30～40

▶五星級飯店的雞飯擺盤精美

天天海南雞飯

對台灣旅客來說印象最深的應該就是天天海南雞飯了，各大報章、旅遊書都有介紹，店面在麥士威熟食中心(見P.98)，交通非常方便，價格便宜口味好。因為生意超好，賣完就會提前打烊，每週一公休，可別白跑一趟。

💲 每人約新幣$5～10

行家祕技 跟著新加坡人一起吃海南雞飯

桌上放了許多醬料，當地人主要會用到的醬料有三種：辣椒醬、薑末、黑醬。照個人口味喜好倒入辣椒醬至小碟子，若有需要可加入薑末。白雞可搭配辣椒醬品嘗，黑醬可加入飯裡品嘗，建議調配醬料前先試吃，依照自己口味做調整。

▲辣椒醬

▲加入薑末

▲辣椒醬沾白雞

▲黑醬淋上飯

叻沙 Laksa

台灣的遊客多半對叻沙這道麵食料理並不熟悉。新加坡的叻沙湯底為咖哩再加入椰奶，以米粉和黃麵混合，再加上海鮮料及豆芽菜、香菜，這濃厚的東南亞風味讓許多人試了一次後就上癮。叻沙在世界各地變化出各種不同的口味，若有機會拜訪鄰近的馬來西亞，就會發現種類眾多、湯頭也略有不同。有不少叻沙的湯底頗辣，怕辣的旅客得多留意了。

328加東叻沙 328 Katong Laksa

說到叻沙絕對不能錯過的就是東海岸的328加東叻沙，濃郁的湯頭加椰奶，除了海鮮味很濃厚，切成短短的粗米粉也是許多人的最愛。餐廳販售的烏打(Otak)也很多人點，若沒試過可以嘗試看看。

✉ 51 E Coast Rd, Singapore 428770

💲 每人約為新幣$5～10

咖喱魚頭 Fish Head Curry

咖喱魚頭在新加坡分為兩大種類，一種是華人風格，另一種則是印度口味的咖喱魚頭。偏中式的咖喱魚頭湯底辣中帶著微酸，而印度風的湯底則是有著豐富的香料和較濃厚的咖喱風味。

海洋咖喱魚頭

若想吃中式的咖喱魚頭可來這兒試試。湯頭加進椰奶，讓人感受到娘惹料理的獨特吸引力，新鮮的魚肉吸滿了咖喱汁，再搭配上白飯，這就是許多老饕都推薦的海洋咖喱魚頭。

http www.oceancurryfishhead.com.sg

💲 每人約為新幣$15～20

Muthu's Curry

Muthu's Curry可說是在新加坡印度咖哩魚頭的首選，若喜愛濃厚的咖哩味，絕對會喜歡上這邊的料理。既然是印度料理，不妨以印度烤餅沾著咖哩一同享用，搭配上餐廳內印度風格的擺飾，讓遊客能感受到濃濃的異國風情。

http www.muthuscurry.com

$ 每人約為新幣$20～30

▲Muthu's Curry餐廳外觀

▲以香蕉葉作為餐盤襯底

辣椒螃蟹 Chilli Crab

辣椒螃蟹是新加坡各種名菜中價格最高的了，通常一個人的平均消費為新幣$70起跳。雖然要價不菲，但仍然在大多數旅客的必吃名單之中，可以想見它的美味程度。採用新鮮的螃蟹相當重要，另外醬汁也是整道菜的靈魂。醬汁為辣椒醬、番茄醬、蛋一起爆炒而成，因此辣椒螃蟹並不是單單和著辣椒醬而已；蟹肉吃完後別浪費了醬汁，除白飯還可點炸的小饅頭沾來吃。通常新加坡海鮮館的螃蟹多為「斯里蘭卡蟹」，以時價論斤計價，建議點餐時可和店員確認大概價錢。

▲辣椒螃蟹

▲黑胡椒螃蟹

珍寶海鮮 Jumbo Seafood

珍寶可以說是名氣最大的海鮮餐廳之一，在台北也開了分店。辣椒螃蟹的醬汁中番茄醬比例較高，因此口味沒這麼辣。珍寶開在克拉碼頭附近的河濱坊分店是許多觀光客的最愛，2019年於樟宜機場的「星耀樟宜」3樓也開設了餐廳，讓旅客能在機場也享用到這道新加坡國菜。

http www.jumboseafood.com.sg

$ 新幣$70

▲珍寶海鮮的黑胡椒螃蟹(照片提供／吳家萱)

無招牌海鮮

無招牌也是知名的海鮮餐廳之一，在新加坡共有4間分店，其中以芽籠總店最受歡迎，餐廳像是台灣的熱炒店，可看到新鮮的海鮮就在一旁的池內。無招牌有名的特色菜為「白胡椒蟹」，和一般黑胡椒蟹比起來，較能品嘗出螃蟹的鮮甜。

http www.nosignboardholdings.com

$ 新幣$70起

(照片提供／吳家萱)

龍海鮮螃蟹王 Mellben Seafood

這是一間開在組屋1樓的海鮮餐廳，不像一般的大型豪華餐館，但每到吃飯時間總是大排長龍。龍海鮮不是開在觀光景點，也不在地鐵站旁邊，交通對觀光客稍嫌不便，但仍有許多外國人慕名而來。來到這兒除了辣椒螃蟹外，最值得一試的是「砂煲螃蟹米粉湯」，濃郁的湯頭讓人無法忘懷。

✉ Blk 232, #01-1222, Ang Mo Kio Avenue 3, Singapore
$ 新幣$70起

▲砂煲螃蟹米粉湯

貼心 小提醒

到海鮮餐廳自備濕紙巾

新加坡的餐廳多不提供面紙、濕紙巾，近年高價的海鮮餐廳開始提供「免費」的濕紙巾，但仍有一部分店家需收費。建議去吃螃蟹前自備濕紙巾，就不用擔心被多收一筆濕紙巾的費用了。

肉骨茶 Bak Kut Teh

來到新加坡、馬來西亞一帶，一定不能錯過這裡的肉骨茶！其實肉骨茶的湯底裡面並沒有放茶，而是以中藥和香料熬煮而成，在台灣菜中最接近的食物，應該就是藥燉排骨了。肉骨茶依區域不同，口味和做法也略有差異，許多人將肉骨茶分為「白湯」、「黑湯」，新加坡多數的肉骨茶為「白湯」，胡椒粉的味道較重。通常吃肉骨茶會配著白飯或是拿油條沾湯來吃，可以無限制加湯。

松發肉骨茶

觀光客最熟悉的肉骨茶店家，分店多開在交通便利的商場或商場旁。湯頭胡椒味較重，是許多人的最愛，可以購買料理包回去自己煮，不少遊客都會買來當伴手禮。位於克拉碼頭的分店總是高朋滿座，有分室外座位和室內座位。

▲可以搭配油條沾湯吃

http songfa.com.sg
$ 每人約為新幣$7～15

發起人肉骨茶

發起人肉骨茶已有40多年歷史，在店裡布置許多名人到訪的圖片，是新加坡知名的肉骨茶店之一。多數分店都營業到很晚，觀光客最常造訪的是Hotel Boss 1樓的分店，營業至早晨5點，對於夜貓族或是大半夜想吃肉骨茶的人，可以說是最方便的餐廳。

http www.founderbkt.com.sg
$ 每人約為新幣$7～15

老街肉骨茶

老街肉骨茶的分店很多，而且都開在交通方便的大賣場裡。雖然從2010年才開始營業，和許多歷史悠久的老字號比起來還很年輕，但展店快、價格公道、口味也不錯，所以很快打響了名氣。若想試試不一樣的口味，建議嘗試老街肉骨茶的「乾肉骨茶」。

▲乾的肉骨茶

▲若不想吃白飯，肉骨茶麵線也是不錯的選擇

http www.oldstreetbakkutteh.com
$ 每人約為新幣$7～15

椰漿飯 Nasi Lemak

椰漿飯是新加坡十分出名的馬來料理，你會在盤內看見黃瓜片、烤花生、酥脆的炸江魚仔、蛋、參巴辣椒醬。椰漿飯的「飯」是先浸泡過椰漿後再煮，因此就算單吃飯也特別有滋味。若嫌配菜少，不少椰漿飯上會加上炸雞翅或烏打。傳統椰漿飯多被當成早餐，但現在一日三餐都有餐廳或小販在販售，也成為新加坡非常普及的國民美食之一。

▶ **最基本的椰漿飯配料**

CRAVE

椰漿飯不是只有熟食中心才可以買到，以椰漿飯出名的CRAVE在新加坡有眾多分店，樟宜機場的第二、第三航站都有設點，讓就算只是來轉機的遊客也可以品嘗看看這正統的馬來滋味。

http www.crave.com.sg
$ 每人約為新幣$6～10

榜鵝椰漿飯中心

每到吃飯時間就大排長龍，和其他椰漿飯的店家比起來，配菜的選擇較多，價格也很實惠。

➡ 地鐵Koven站步行約4分鐘
$ 每人約為新幣$3～6

Mizzy Corner Nasi Lemak

Mizzy Corner位在樟宜村熟食中心(見P.98)，也就是椰漿飯的一級戰區之中，Mizzy Corner的米飯和辣椒醬很受到客人的喜愛。樟宜村熟食中心中至少有5～6間椰漿飯的攤子，每間口味略有不同，不妨點不同間的椰漿飯來比較看看。

➡ 公車2、59、109號在樟宜村Changi Village下車
$ 每人約為新幣$3.5～6

路上觀察 想點炸物看這裡

在新加坡旅遊，你可能會常常在街上看見有「老曾記」黃色招牌的小店面，各式各樣的炸物陳列在眼前，令人食指大動。每到上下班時間便會看見排隊人潮，大家人手一袋「老曾記」。就像台灣的鹹酥雞攤一樣，經過時會買點小東西裹腹，尤其是它的「炸雞翅」非常美味，有時還會賣到缺貨呢！

http www.oldchangkee.com

必嘗新加坡小吃

不需要花大錢吃大餐，來到新加坡嘗遍道地小吃才是王道！但是除了海南雞飯、叻沙、椰漿飯，其實新加坡還有超多小吃值得你品嘗。這些美味的道地小吃多隱身在平價的熟食中心，不出新幣$10就能飽餐一頓。

福建麵 Hokkien Mee

福建麵的「麵」為黃麵和粗米粉，配料有蝦、魷魚、蛋和蔥，旁邊會放上辣椒醬和一顆酸柑，可依照自己的口味淋上。福建麵為現點現炒，通常麵條會以高湯悶煮，這個步驟可是大大提升了這盤麵的美味程度。

魚湯 Fish Soup

新加坡的魚湯為「魚片」湯，魚肉多為巴淡魚或石斑魚。鮮美的魚湯中加入各種青菜、蔥末，可選擇搭配白飯或麵條，也可以單單品嘗魚湯。在每天大魚大肉的行程中，可以穿插一餐健康的魚湯來平衡。

鹵鴨飯 Braised Duck Rice

新加坡除了雞飯外，鴨飯也非常美味。許多熟食中心都有滷鴨飯的攤子，除了白飯外也可以選擇粿條湯來搭配。通常滷鴨飯的攤子還會賣其他滷味，別忘記請老闆切一盤入味的小菜。

沙嗲米粉

新加坡除了沙嗲烤肉串好吃，沙嗲米粉也是當地人的最愛之一。沙嗲米粉的重點就在於它的沙嗲醬，醬中可嘗到花生味，再配上Q彈的魷魚和細米粉，濃香的口味讓人難忘。部分沙嗲米粉的口味偏辣，怕辣的旅客可事先與店家確認。

河粉 Kway Teow

在新加坡河粉又叫做Kway Teow，也就是在台灣所說的粿條。無論是想吃乾炒牛河，或是濕滑的海鮮河粉，都可以在熟食中心找到。另外較有特色的馬來西亞「怡保河粉，配菜主要以雞絲為主，高湯特別有味道，在台灣比較少見。

▲ 怡保河粉

蝦麵 Prawn Noodles

蝦麵是新加坡人從小吃到大的小吃，好吃的精髓在於用蝦頭和蝦殼所熬煮出的高湯，加入滑順的黃麵配上兩隻大蝦。若點乾的蝦麵，湯會另外盛裝，一樣可以品嘗到鮮蝦湯的美味。

板面 Ban Mian

在新加坡的熟食中心或美食街絕對會看見板面的攤子，採現點現煮，最基本的板面是以豬骨熬煮的高湯，配料為豬肉碎、江魚仔、青菜，還可以選擇是否要加蛋。有的板面店選擇很多，可搭配東炎湯、番茄湯等不同的湯頭。

雜菜飯 Mixed Vegetable

雜菜飯其實和台灣的自助餐很像，已經煮好的菜展示在眼前，由店員幫客人打菜。若有點主餐如雞腿、魚肉，價格則會稍高一點。通常可以選擇白飯或白粥，許多人都會要求在飯上淋上滷汁或咖哩汁，非常入味下飯。

▲選海鮮、肉類價格會變高

▲飯上可免費淋滷汁或咖哩汁

釀豆腐 Yong Tau Foo

自己拿著夾子挑選想要的食材，通常會寫幾「件」加上麵的價格在看板上。然後告知需要哪種麵條和湯底，也可以選擇吃乾麵與湯分開。若旅途上覺得蔬菜攝取不夠，不妨來試試釀豆腐，搭配清淡湯頭即是很健康的一餐。

▲青菜的選擇較多

▲若不加錢選特殊湯底，一般的湯底都很清淡

▲也可以選擇炸的，炸好後沾醬來吃

行家祕技　你要哪種麵？

每回點板面的時候總會聽到老闆問你：「要哪種麵？」身為外國人的我們實在不知道有哪些麵的種類。看看這張板面店的告示牌就可以了解各種麵條，下次可以和在地人一樣有自信的叫麵了。

▲看了圖文說明，應該知道該怎麼點麵了吧

▲有些店家怕說不通，乾脆放樣本在櫃檯上

新加坡甜品

可口又上相的甜品令人難以抗拒！

新加坡全年天氣炎熱，常常在戶外走個10分鐘就熱到讓人受不了。這時候來一碗冰涼的甜品是最過癮的了！在新加坡有許多甜品攤、甜品店，其中有屬於東南亞獨特口味的甜品，不但好吃且色彩繽紛，拍起照來特別上相，因此甜品店也是不少觀光客喜愛打卡的地方。

紅豆冰 Ice Kachang (冷)

Kachang是馬來文中「豆」的意思。新加坡的紅豆冰外觀五彩繽紛，淋上了色彩繽紛的糖水。除了紅豆還會看見「玉米粒」，其他的刨冰料則藏在冰中，讓你邊吃邊發現各種驚喜。

珍多冰 Chendol (冷)

珍多冰是一道非常有東南亞特色的冰品。在刨冰上加上椰奶、紅豆和綠色粉條，也可以選擇珍珠類的配料。這碗非常消暑、有紅有綠的冰品，也是許多小朋友的最愛。

文頭雪 Ice Jelly (冷)

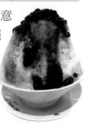

文頭雪其實就是台灣所說的「愛玉」，放在碎冰中搭配檸檬消暑解渴，是大人小孩都喜歡的甜品。

楊枝甘露 Mango Pomelo Sago (冷)

一種港式的甜品，在新加坡也很普遍。柚子果肉、芒果粒，再加上西米露和糖水，加入椰子汁後更多了一份南洋風味。吃了這道冰冰涼涼的甜品，讓人頓時暑氣全消。

清湯 Cheng Teng (冷／熱)

糖水中放入白果、桂圓、紅棗、薏米等食材，熱湯或選擇冷的加冰喝都非常美味。清湯喝了清涼退火，是盛夏的消暑良方之一。

摩摩喳喳 Bubur Cha Cha (冷／熱)

光看名字會讓人一頭霧水的一道甜品。摩摩喳喳是加入西米露、芋頭、地瓜、果乾，並以椰奶作為基底的甜品。它不只是新加坡，更是東南亞具有代表性的甜品。

豆花 Soya Beancurd (冷／熱)

雖然台灣也有許多好吃的豆花店，但新加坡這裡的口味稍有不同。「老伴豆花」是最大的豆花連鎖店，不少賣場和地鐵站都可看見它的身影，其中原味豆花尤其受到歡迎。

腐竹白果薏米 (熱)

腐竹白果薏米(Gingko Barley Bean Curd Skin Soup)這道甜品，適合熱的喝。口味溫順，又能養顏美容，是許多女性喜愛的甜品。

豆爽 Tau Suan (熱)

豆爽(又稱豆梘)這名字乍看讓人猜不透是何種甜點。豆爽主要以去殼的綠豆煮成，甜湯中放入斑蘭葉，最後再加入油條。雖然是喝熱的，但卻有去熱的效果。

黑糯米粥 Black Glutinous Rice (熱)

新加坡的黑糯米粥上會加上椰奶調味，濃稠的粥滑順入口，不但能滿足想吃甜品的心又可以養生。

夜景餐廳

想要欣賞無敵夜景，別忘了事先要預約！

新加坡的夜景相當知名，來到當地一定要考慮安排一晚在夜景餐廳用餐。夜景餐廳的價位通常較高，所以許多人習慣在小吃攤吃完後，再去夜景餐廳喝一杯。知名的夜景餐廳大多聚集在濱海灣沿岸，燈光美、氣氛佳，再搭配上眼前的美景，肯定會讓你有個浪漫的夜晚。夜景餐廳非常熱門，客人多的時候，也可能無法現場排隊，建議事前預約以免掃興而歸。

55空中俱樂部 CLUB55

位於濱海灣金沙酒店的55樓，每日20:00之後，開放給住客以外的客人消費。放眼望去濱海灣的美景盡收眼底，獨享從金沙酒店的角度才能享受到的視野。無特殊服裝規定限制。

 www.marinabaysands.com

➡ 10 Bayfront Ave, Singapore 018956 (位於金沙酒店內)

▲餐廳內可看到的夜景
(圖片提供／王馨儀)

▲除了主餐，甜點也十分美味(圖片提供／王馨儀)

1 Altitude

　位於OUB銀行大樓之中，雖然藏身在商業大樓，但從63樓的頂樓平台能欣賞到令人驚豔的夜景，而從大樓頂樓可看見環景的市區夜景。入場有年齡限制，女性21歲、男性25歲以上，購買門票時需出示證件。可穿著半正式休閒裝，男士勿著背心或無袖上衣。

http www.1-altitude.com

➡ 1 Raffles Place, Singapore 048616 (於OUB銀行大樓內)

◀ **1 Altitude不只是酒吧，更是許多觀光客熱愛的夜景會所**(圖片提供／吳家萱)

LeVeL33

　不管是只想小酌一杯，或是吃頓正式的大餐，LeVeL33都非常適合。在這裡不只賣酒，LeVeL33還是全球最高的自釀啤酒餐廳。可穿著半正式休閒裝。

http level33.com.sg

➡ 8 Marina Blvd #33-01, Singapore 018981

▲**從LeVeL33看到的夜景**
(圖片提供／吳家萱)

▶**試試這裡自釀的啤酒吧**
(圖片提供／吳家萱)

LANTERN

　位於富麗敦海灣酒店(Fullerton Bay Hotel)的5樓，在泳池旁，可讓炎熱的南洋夜晚消暑不少。雖然視野不是360度，但光影所投射出的浪漫氣氛，再加上可以看見濱海灣雷射秀的優勢，因此成為人氣夜景酒吧之一。可穿著半正式休閒裝。

http ppt.cc/ff0ltx

➡ 80 Collyer Quay, Singapore 049326

▲**位在濱海灣上，所以金沙酒店的夜景近在眼前**
(圖片提供／吳家萱)

SOUTHBRIDGE

　不一定要從高處才能享受到好的夜景。

　SOUTHBRIDGE位於Boat Quay 5樓建築中的頂樓，雖然樓層低但視野無高樓阻擋，絕佳開闊的景色讓人驚豔。入口處在建築物後面的巷子，需要花一點時間尋找。沒有特殊服裝規定。

http www.southbridge.sg

➡ 80 Boat Quay Rooftop Level 5, Singapore 049868

▲**雖然樓層不高，但看到的夜景也很美**(圖片提供／吳家萱)

▶**沒有室內座位，晚上涼風吹拂，很適合和好友聚會**

在咖啡廳喝下午茶

體驗新加坡式下午茶，度過愜意的午後時光！

新加坡融合了中西飲食文化，在中式甜點外，西式甜點也相當豐富。除了大飯店的下午茶，近年來越來越多個性咖啡廳嶄露頭角，年輕人喜歡週末到咖啡廳閒聊、拍照，不少咖啡廳是遊客的打卡熱門景點。有些小咖啡廳外表看來不起眼，但精心的擺盤和特殊的店內陳設反倒另有一番風味。不妨安排幾間下午茶的行程，滿足味蕾也讓疲累的雙腿休息一下！

TWG

2008年成立於新加坡的茶葉品牌，走奢華氣派路線。金碧輝煌的店面從遠方就可看到醒目的TWG茶店，店內擺設十分有特色，茶葉罐也都是經過精心設計。不妨在TWG享受一次下午茶，茶品的選擇有上百種，可請教店員推薦。馬卡龍和司康都非常美味，配上濃郁的熱茶療癒了旅途的疲憊。

http twgtea.com

▲TWG金光閃閃的店面相當起眼

▲司康配茶的下午茶套餐很受歡迎

▲適合三五好友一起喝茶聊天的場地

arteastiq

這幾年是年輕人之間頗有名氣的餐廳，它與畫室結合，店內陳設精心設計，照相會看起來很有特色，因此也是打卡人氣餐廳之一。下午茶打破了傳統的菜單，除了蛋糕之外，還推出了海鮮下午茶，讓喜歡鹹食的人也多了另一種選擇。

http www.arteastiq.com

▲餐廳的鳥籠設計是許多女生愛打卡的地方

▲精緻的甜點讓人捨不得吃

Privé @ Keppel Bay

　　Privé旗下有好幾間餐廳，推薦這間Keppel灣旁，景觀非常優美的分店。位於小島上交通略為不便，需開車或搭計程車前往，但靠近港灣的度假氛圍是在市區感受不到的。此店全天候供應早午餐，菜單的選擇豐富，能滿足各個不同的味蕾。

http theprivegroup.com.sg

▲餐廳位在碼頭旁

▲菜單品項豐富，另有亞洲風味餐點可選擇

PS Café

　　PS Café可說是新加坡café的代表之一，1999年成立至今在新加坡已有9間分店。每間分店各有不同風格，尤其以第一間Harding Road分店最受到歡迎。餐廳位在綠樹蔥鬱的大自然中，店內陳設簡潔時尚，常常一位難求。PS Café最出名的料理為松露薯條(Truffle Shoestring Fries)，以松露油炸得酥脆，配上帕瑪森起司和香菜，是許多人的必點菜色。

http www.pscafe.com

▲被大自然包圍的PS Café

▲店內的設計也很吸引人

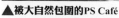

▲松露薯條

▲甜點也很不錯

再成發五金 CSHH Coffee Bar

　　這肯定是全新加坡最令人摸不著頭緒的咖啡廳店名了！咖啡廳的外觀，延續原本五金行舊建築的樣貌，歷史的痕跡反倒增添了另類的韻味。室外座位多且寬敞，室內吧檯設置於正中間，客人可從各種角度看見店員沖泡咖啡的樣子。而且他們所賣的手沖咖啡也不馬乎，另外還有販售沖泡咖啡的器具及咖啡豆。若你想在新加坡找一間特色咖啡，肯定得來再成發五金走一趟。

http www.cshhcoffee.com

▶外觀就是一間具有歷史的舊建築

▲冷萃咖啡(圖片提供／溫士吞)

Wimbly Lu

　　目前在新加坡擁有3間分店，除了咖啡之外，甜點也很受到喜愛，由於是製作巧克力的店家，巧克力類型的甜點選擇很多。店家裝潢頗具巧思，是不少年輕人喜歡消磨下午時光的地方。

http wimblylu.com

▶長廊與黑白磁磚的搭配照起相來很有特色

LADY M

　　來自紐約大名鼎鼎的LADY M在新加坡有4間分店，假日總是人潮眾多，建議選擇平日下午，可避開人潮。店面採一貫白色基底，有著明亮且高雅的風格。店內最有名的就是各式千層蛋糕，有時會有新加坡季節限定口味。

http www.ladym.com.sg

▶巧克力棋盤蛋糕

米其林一星平價餐廳

來新加坡吃高貴不貴的米其林餐廳。

米其林摘星餐廳總是給人高級、昂貴的印象，但其實在新加坡有2間被評鑑為米其林一星的平價餐廳。其中了凡香港油雞飯更是被稱為「全球史上價格最低廉的一星級米其林膳食」，每人平均消費約新幣$3～5。

✿ 了凡香港油雞飯
好吃不貴的平民美食

位於牛車水大廈的2樓熟食中心裡，主要販賣港式的油雞飯。每天店鋪前總是大排長龍，排隊時間常常1小時起跳，但看見一隻隻美味的油雞掛在櫥窗內、大廚細心料理的樣子，讓人排隊也情願。店家的獨門醬汁，配上細滑的雞肉和油亮的外皮，無論搭配飯或麵條都是絕配。老闆沒有因為成為人氣米其林餐廳，就顯得馬虎不認真，或許這也是常客持續支持他們的原因。

✉ 335 Smith St, Singapore 050335 (牛車水大廈2樓)

🕐 10:00～18:30，週日公休

✿ 大華豬肉粿條麵
吃排隊美食要趁早

位於一般組屋1樓的咖啡店(kopitiam)中，每到吃飯時間也是需要排隊1～2小時，麵全部為現點現煮，連醬汁也都是現場調製，一碗麵中有豬肉碎、豬肉片、豬肝和餛飩。有乾拌麵和湯麵可選擇，平均每人消費為新幣$6～10。由於每天大排長龍，07:30～09:30會發放號碼牌，有號碼牌的人可排在沒號碼牌的前面。所以早點去拿號碼牌，就可省去不少排隊等餐的時間喔！

✉ 466 Crawford Ln, #01-12, Singapore 190465

🕐 09:00～21:00，賣完提早打烊。週一公休

▲了凡店景

▶油亮的外皮讓人看了口水直流(圖片提供／吳家萱)

▲一碗碗麵都是現點現煮，絕不馬乎(圖片提供／吳家萱)

▲就是這碗豬肉粿條麵，讓許多人情願排上1小時(圖片提供／吳家萱)

入圍米其林指南餐廳

　　雖然沒有在米其林摘星，但能入圍米其林指南也算是一大肯定。目前新加坡有200多間餐廳或小吃攤，前面介紹過的松發肉骨茶、Muthu's Curry、龍海鮮螃蟹王都有入圍。另外再介紹兩間受到新加坡人喜愛，同樣也是平價的小吃攤。

超好面 A Noodle Story
入圍就是肯定

　　在熟食中心闖出一片天的超好面，和其他老店傳承二、三代的歷史相比，可說是熟食中心裡竄起的新秀。超好面賣的是新加坡拉麵，結合了日式拉麵與港式雲吞麵的精髓，再加入獨門的醬汁。麵裡的料很豐富，有雲吞、炸蝦、溫泉蛋和豬肉片。超好面接受過不少媒體採訪報導，嶄新的麵食創意也受到本地和外國觀光客的喜愛。從小麵攤進而到海外拓展分店，在新加坡的本店現在仍是天天大排長龍。

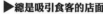

✉ 7 Maxwell Road Stall #01-39, Singapore 069111 (廈門街熟食中心Amoy Street Food Centre內)

🕐 週一～五11:30～14:00、17:30～19:00，週六10:30～13:30，週日公休

▶總是吸引食客的店面

▲融合日式與港式料理精髓拉麵

亞福炒福建蝦麵
吸飽湯汁的美味好麵

　　福建蝦麵多以粗米粉來炒，口感吃起來較濕潤，但亞福的福建蝦麵使用的是細米粉混黃麵，讓麵炒到吸飽了湯汁，因此起鍋的時候沒有那麼濕潤。獨家的辣椒醬也是許多人的最愛，再搭配上酸柑的酸味，不消幾分鐘整盤福建麵就一掃而空。

✉ 20 Kensington Park Road Stall #01-27, Singapore 557269 (忠忠熟食中心Chomp Chomp Food Centre內)

🕐 17:30～00:00，週一公休

▲亞福福建蝦麵店

▲細米粉混黃麵的福建麵

購物篇
Shopping

到新加坡該買什麼伴手禮？

新加坡有不少當地口味的零食、醬料、保養藥妝品，適合買來當伴手禮，具有
代表性的魚尾獅、娘惹圖樣商品也不少。此外，本篇還要告訴你如何退稅。

市區購物趣

在主要街道上隨意走逛，選擇自己有興趣的店家消費。

新加坡四處都是商場、購物中心，雖然國家不大，但購物中心空間都很大。市中心有許多大型商業賣場，但商品重複性很高，想要逛街的話可以挑一間購物中心仔細逛逛就夠了。

三大超市

FairPrice

FairPrice是新加坡最大的連鎖平價超市，你想得到的生鮮蔬果、食品、生活用品幾乎都可以在這邊找到。在這裡可盡情採買多種商品，但生鮮類如乳酪、起司、奶油等就只能在當地吃完消費，可不能帶回台灣的喔！

昇菘超市 ShengSiong

昇菘也是新加坡大型連鎖超市之一，多開設在組屋的樓下。雖是超市，但較偏向華人傳統市場風格，肉類可現場切秤、海產有活海鮮供挑選。多樣化的商品讓人眼花撩亂，有不少都是兩件特價商品，可以仔細挑選購買。

Cold Storage

超市內有許多外國進口的商品，價格稍微高一些，多開在大型賣場的地下室樓層。有點類似台灣c!ty'super的高端超市，除了有本地的產品外，還販售國外進口的食品，價位上會稍微貴一些。

guardian

與屈臣氏並駕齊驅，同樣分店數眾多，常在賣場、地鐵站可見到其分店。和屈臣氏競爭非常激烈，常常折扣季都在差不多的時間舉辦，可在兩間店之間比價，通常都會得到不錯的折扣。

藥妝店

屈臣氏 Watsons

屈臣氏是新加坡兩大連鎖藥妝店其中一間。在各大賣場內都可以看到其身影。和台灣的屈臣氏相比，價格並沒有比較便宜，尤其是日、韓進口的美妝商品比台灣貴上不少。

SEPHORA

成立於法國的美妝店，目前在亞洲的分店並不多，因此不少女性來新加坡會特別逛逛。店內陳設皆為開架展示，就算是專櫃等級的化妝品也全都可以自己拿來試用，某些歐美品牌台灣沒有販售，對美妝有興趣的人可以在這邊逛很久。

購物集散點

武吉士街 Bugis Street

武吉士街是許多新加坡年輕人愛逛的地方，這裡的攤子價格較便宜，類似於台灣的夜市，但位在室內因此不怕下雨。裡頭也有小吃攤，可以一面吃一面逛。另外位在武吉士街對面的白沙浮商場(Bugis Junction)也很值得一去，雖然賣的東西比武吉士街貴一些，但品質也比較好。

▲白沙浮商場，內部有半開放空間，有許多有趣的小攤子

▲對面的Capital Mall的建築外觀相當引人注目

▶武吉士街一到假日總是擠得水泄不通

烏節路百貨公司 Orchard Road

若想要逛百貨公司、名品店，千萬不要錯過烏節路。若從地鐵烏節站(Orchard)下車，ION Orchard、Wisma Atria、義安城、paragon、Mandarin Gallery、313@Somerset、Orchardgateway，甚至可以一路走到多美歌站(Dhoby Ghaut)的Plaza Singapura。

▲ION Orchard

▲烏節路上的裝置藝術

◀義安城內部為日本百貨公司高島屋

怡豐城 VivoCity

怡豐城是去聖淘沙必經的轉運中心，因此大部分前往聖淘沙的遊客都會在此逛街、用餐。賣場中有幾乎所有觀光客都會喜愛的商家、餐廳，如果有計畫去聖淘沙，不妨規畫一些時間在此賣場停留。

▲怡豐城

新達城 Suntec City

新達城位在市中心的濱海中心，賣場由好幾棟商業大樓串連而成，內部分成三區塊：West Atrium、North Atrium、East Atrium。3樓以下為商場，其上的樓層則為辦公大樓。新達城最令人津津樂道的就是「財富之泉」（Fountain of Wealth），這造型特殊的噴泉，據說摸了噴泉水後就會財源滾滾來，但可不是想摸就可以進去摸，開放時間為每日10:00～12:00、14:00～16:00、18:00～19:30。

▲財富之泉外觀
▶賣場內部也可以看見財富之泉

慕達發購物中心 Mustafa Centre

全新加坡唯一24小時營業的大型賣場。位在小印度區的慕達發購物中心，裡頭很像印度一般的賣場，不過除了有大量從印度進口的商品外，也有販售從其他亞洲國家進口的物品，價格上比其他購物中心便宜。

▲許多當地印度人都會特地來此採購

路上
觀察　**買到手軟的新加坡折扣季**

The Great Singapore Sale (GSS)

新加坡每年6～7月會舉辦全國性折扣季，各大賣場都會推出不同的優惠折扣。每年折扣季開跑的日期不一，建議先上官方網站查詢。除了實體店面外，網路商城折扣也不少。除了新加坡折扣季，每年聖誕節前後的打折也相當優惠。

GSS官方網站：gss.sra.org.sg

▲GSS全國賣場幾乎都有特價

新加坡特色紀念品

超市裡也有不少理想的紀念品。

來 到新加坡要買什麼當伴手禮呢？由於新加坡是東南亞各國中物價最高的地方，大多數旅客不會像在歐洲買精品、美國逛outlet那樣大肆採購。但其實新加坡也有很多便宜又特別的伴手禮，而這些好物都可以在超市就找得到。

超市注目商品

新加坡百勝廚叻沙泡麵

這泡麵連續好幾年被美國網路泡麵專家評鑑為世界上最好吃泡麵！也因此在泡麵界打出了名號。通常在超市販售一袋4包新幣約$11，老實說並不便宜，但特殊的風味值得買來試試。由於麵條較粗硬，建議用鍋子煮不要用泡的，否則很難泡熟。

新加坡KOKA平價在地品牌

其實也不是所有泡麵都昂貴，KOKA是新加坡的在地品牌，口味也很道地。咖哩、叻沙、黑胡椒炒麵、泰式酸辣等各種東南亞風味，都可以找到。而且價格很平實5包一袋約新幣$2.20～$2.90。

日清泡麵新加坡當地口味

日清泡麵不稀奇，但新加坡的在地口味「辣椒螃蟹」、「黑胡椒螃蟹」和「叻沙」可沒這麼普遍了吧！這三種口味都有一點小辣，但大多數的人嘗過後都讚不絕口。在超市的售價約為新幣$1.5一杯。

▲叻沙口味

▲辣椒螃蟹口味

麵薄

如果在新加坡觀光期間造訪過熟食中心，你一定會注意到一種叫做「麵薄」的麵類。這是一種當地麵類，通常用在肉脞麵、魚圓麵，尤其是乾拌麵的類型。

日清杯麵洋芋片

日清不只在新加坡有出泡麵，還出了杯麵洋芋片，有「黑胡椒螃蟹」和「冬炎泰式酸辣味」。由於包裝相當可愛，是仿造日清泡麵的外身設計，所以特別受到女性的喜愛。

7 Days Croissant

在許多便利商店和超市都可以看見它的身影。這個小小的可頌賣遍全球，在新加坡販售巧克力和香草口味，不少人拿來當早餐或下午點心。

新加坡洋芋片 Flavours of the East

Flavours of the East這間新加坡公司將在地美食轉化為人手一包的洋芋片。目前有「海南雞飯」、「新加坡叻沙」和「印度咖哩」口味，都是在台灣吃不到的，很適合拿來當伴手禮送人。

美祿零嘴

新加坡、馬來西亞一帶對美祿的狂熱，可不是身在台灣的我們可以理解的。因此在這裡你也可以看到不少美祿的相關產品和小零嘴。

班蘭蛋糕

超市都有販售一整盒的小班蘭蛋糕，班蘭是新加坡特有的口味，既有新加坡特色，價格也不貴，適合買幾盒帶到辦公室分送給同事吃。

黑松露洋芋片 Aroma Truffle Chips

雖然新加坡的鹹蛋魚皮很火紅，但是現在最新的人氣零嘴可是這款黑松露洋芋片。目前只有原味和帕爾馬乳酪口味，近期還會推出蜂蜜芥末口味。在新加坡只有一間在牛車水的專賣店，或是去屈臣氏也可以買得到。每包售價新幣$10，不算是便宜的零嘴，但吃過的人大多覺得值得。

駱駝牌堅果

這是新加坡的本土公司，旗下產品都是堅果類的零嘴，通常在超市和便利商店都會看到它的蹤影。腰果、花生、杏仁是熱賣商品。

榴蓮乾、榴槤餅

沒辦法帶回新鮮榴蓮，但帶包榴蓮的零嘴做伴手禮也不錯。不過榴蓮系列產品的味道都很「獨特」，不是每個人都可以接受。

豆沙餅

在新加坡也有不少傳統的餅鋪，裡頭賣著懷舊的好滋味豆沙餅。其實豆沙餅就只是內餡包著豆沙的餅類，但這分簡單的滋味就是如此令人懷念。在超市也可以買到現成的豆沙餅喔！

小花餅

從前在雜貨店裡，小花餅被裝在大大的鐵桶中，要買的時候老闆從鐵桶倒出，再用紙包起來，以最傳統的方式販售。小花餅就是在小餅乾上點綴著五顏六色的糖霜，是非常樸實的零食，但吃進去的是新加坡人懷舊的滋味。

行家祕技　使用超市自助付款機

新加坡現在大多數的超市都有自助付款機，機檯分為「僅限刷卡」(Card Only)和「刷卡與現金」(Card & Cash)兩種。有時人工櫃檯大排長龍，推薦可以試試看自己用機檯結帳。但若要購買菸的話，只能走人工櫃檯結帳。

咖椰醬 KAYA

這是新加坡最傳統的吐司抹醬，機場的亞坤也可以買到咖椰醬，不要忘記將其放進託運行李，因為超過100ml的液體(包含果醬、各式醬汁類)都無法通過安全檢查喔！

江魚仔辣椒醬

如果在新加坡有品嘗過椰漿飯的話，應該就對江魚仔辣椒醬不陌生了。除了用在椰漿飯外，也有不少家庭當作一般的辣椒醬使用，可以拿來炒飯、炒麵、炒肉，增添不少東南亞風味。

海南雞飯香料醬

海南雞飯的香料醬是用在煮白飯的時候加入，這瓶醬料可以替主婦省下不少功夫。不需要準備繁雜的配料，讓身為外國人的你也可以在台灣簡單做出海南雞飯。

海南雞飯用辣醬

用海南雞飯香料醬煮好了米飯，可別忘了海南雞飯另外一個精髓，就是搭配雞肉的辣椒醬。這種薑蒜辣椒醬每個廠牌配方各有不同，選擇也相當多，走到超市辣椒醬區會看到琳瑯滿目的醬類，但選擇瓶身上有雞飯照片的準沒錯。

美祿飲品

超市總是會把美祿商品堆得跟山一樣，新加坡馬來西亞的美祿配方和台灣不一樣，巧克力味比較濃郁，因此雖然其他國家也有販售，還是有不少人會買來當伴手禮帶回去。在新加坡，美祿還有一種叫做「美祿恐龍」的獨特喝法，就是在泡好的美祿上放著滿滿小山狀的美祿粉。小朋友大多很喜歡，不過實在有點甜，愛吃甜的人可以試試這種泡法。

肉骨茶料理包

肉骨茶料理包可以說是台灣觀光客伴手禮的前三名。超市有賣很多不同品牌的肉骨茶料理包，價位有高有低，可自行斟酌。除了拿來煮排骨，新加坡人也會自己在家裡煮肉骨茶火鍋，不妨在台灣試試看喔。

白咖啡

白咖啡是新加坡的日常飲品之一，源自於馬來西亞。和黑咖啡相比少了點苦澀，多了分香甜，不過也有不少人覺得太甜了，尤其是喝慣一般黑咖啡的人。在超市可以看見知名的廠牌為「舊街場Old Town」、「貓頭鷹OWL」、「亞發」等，每個廠牌都各自有其愛好者。

食用香精

新加坡公司Bake King專門販售製作蛋糕、糕餅等原料，在超市可以看見整架Bake King所出品的香精。若你有烘焙蛋糕的嗜好，來到新加坡可以帶瓶班蘭香精回去試試。

咖哩醬料

新加坡有多種咖哩料理，無論是印度、印尼、泰式，或是新加坡特有的娘惹咖哩，都是新加坡人常吃的料理。東南亞咖哩多偏辣、口味重，和台灣習慣的日式咖哩較不同。如果你也喜歡吃東南亞咖哩，不妨買幾包醬料，自己動手烹煮。

▲咖哩魚醬

▲娘惹咖哩

清熱水

走到礦泉水區可以見到販售著「清熱水」，雖然看來和一般礦泉水並無不同，但價格卻比其他礦泉水來得高。不少新加坡人會說，感覺快要感冒時趕快喝清熱水很快就好了，雖然沒有醫療根據，但清熱水就是針對改善燥熱上火的一種飲品。

超市自助機檯操作

秤重蔬果Step by Step

Step 1 尋找自助過磅區

蔬果區旁會有自助過磅區。將蔬果放在秤上。選左邊Vegetable蔬菜，或右邊Fruit水果。

Step 2 選擇品項

點進去後選擇購買的品項。

Step 3 確認品項

最後確認品項是否正確，按「PRINT」列印標籤。

Step 4 取出標籤

最後確認品項是否正確，按「PRINT」列印標籤。

由此取標籤

Step 5 膠帶封口

Step 6 貼上標籤

貼上剛剛列印好的標籤即可。

自助付款Step by Step

通常會有2種機台，以下示範為現金付款結帳。

1.結算後的商品放置區／2.主選單／3.商品掃描機／4.刷卡機／5.收據出口／6.尚未結帳商品放置區／7.紙鈔插入口／8.硬幣投入口／9.硬幣找錢口／10.紙鈔找錢口

Step 1 掃描條碼

將商品條碼對準掃描區。

Step 2 放入購物袋

掃描後放入購物袋。(也可以自備購物袋。)

Step 3 掃描所買商品

所有物品都掃描結束後按Pay。

Step 4 輸入會員卡

輸入會員卡資料，沒有的話可以直接按Next到下一步。

Step 5 選擇付款方式

現金支付按「Cash」、信用卡支付按「Credit Card／Debit」。

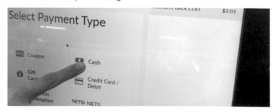

Step 6 付款

投入紙鈔和硬幣。

Step 7 領取收據

特色名產

TWG茶葉

若想買樣價格較高、包裝好看的伴手禮，新加坡的高級茶葉品牌TWG一定是旅客的一致選擇。不管是茶葉、茶包，或是女性最愛的馬卡龍，這邊都有非常多的種類，但也常常因為種類太多，導致客人無法下決定。不妨直接詢問有經驗的店員，畢竟上百種的茶葉可不好選。

▲金碧輝煌的店面

◀TWG經典茶包組合，讓你能品嘗到6種不同茶葉，是送禮的首選

Bengawan Solo

新加坡知名的傳統糕餅店，有許多分店，樟宜機場各航廈也可以見到其身影，是觀光客很愛的伴手禮之一。其中班蘭戚風蛋糕和各式傳統餅乾最受歡迎，包裝精美很適合拿來送禮。

◀戚風蛋糕體積有點大，而且無法擠壓，建議手提上飛機

▼店內擺設

鹹蛋魚皮 Salted Egg

鹹蛋魚皮其實在新加坡是一道傳統的小食，某些餐廳內也可以點到這道菜，新年時大家也會在家裡自己炸來吃。但自從「Golden Duck」金鴨和「IRVINS」這2個品牌推出鹹蛋魚皮的零食後，讓大家更認識這道佳看了。現在不只有新加坡，整個亞洲都在風靡鹹蛋魚皮。目前口味更多元了，例如有「辣椒螃蟹」、「麻辣火鍋」口味等等。

◀金鴨在許多超市、便利商店都可以買到

▲IRVINS目前只能在專賣店或網路購買

特殊造型小物

魚尾獅造型紀念品

魚尾獅是新加坡的觀光地標之一，因此魚尾獅造型的小物也相當受到歡迎。不管是魚尾獅的小雕像，或是Q版的魚尾獅擺飾，都可以在觀光地的紀念品店看見。

◀魚尾獅造型餅乾盒，吃完之後鐵盒可以當紀念品保存

▲自己動手做魚尾獅

星巴克獨家產品

相信許多人都有搜集星巴克馬克杯的習慣，無論是城市馬克杯、隨行杯，甚至是星巴克小熊，都有各自的死忠粉絲。

▲You Are Here系列

▲魚尾獅小熊最受到觀光客的歡迎

◀城市浮雕杯

文創小物

若看膩了魚尾獅商品，購買文創小物也是不錯的選擇。新加坡近年有許多富有創意的紀念品，而這些設計是來過新加坡的旅客應該都會懂的巧思，就算不買，去店裡看看也很有意思。

▲海南雞飯造型筆袋
◀仿金鴨魚皮包裝的抱枕

▲聖淘沙捷運造型筆袋
◀教你點新加坡咖啡的餐盤

娘惹服飾

蠟染花布所製作的衣服很能代表新加坡的風格，就像是新加坡航空的空服員制服一樣，讓人看了一次便忘不了了。紀念品店內可以看見各式各樣的傳統服飾，無論是大人或小孩的衣服，或是相同布料製作而成的帽子、包包，都很有南洋風味。

▶各種樣式的蠟染花布娘惹服飾

保養藥妝品

虎標萬金油

新加坡的成藥，最有名的絕對是「虎標萬金油」了。大部分人家中常備藥總會有一罐虎標萬金油，這罐小小的藥膏可以紓解肌肉痠痛、舒緩頭痛、被蚊蟲咬了也可以塗抹，好像一罐治百病似的。虎標萬金油品牌成立近50年，旗下也推出更多商品，例如鎮痛貼布、止痛膏、防蚊液，提供更多的商品選擇，不斷更新的包裝也讓品牌年輕化了。

▲就算是萬金油也有分白軟膏和紅軟膏

◀這整架商品都是虎標出品，可不是只有萬金油而已

斧標驅風油

斧標驅風油已有90多年的歷史，可用於頭痛、鼻塞、肌肉痠痛。創始人梁潤之從德國醫生那得到這種藥油的配方，自己覺得相當有效，之後將其量產並發行。

均隆驅風油

均隆和斧標驅風油功用相同，都可用於頭痛、肌肉痠痛等症狀。均隆驅風油為虎豹企業旗下產品，亦擁有70多年的歷史。

喜馬拉雅保養品 Himalaya

這是來自印度的保養品牌，近年在台灣也有銷售。但由於在新加坡有非常多印度人，價格和產品選擇也比台灣多且便宜。若有去小印度的慕達發購物中心(Mustafa Centre)，不妨可以在此購入。除了喜馬拉雅外，還有其他不少印度美妝品牌也可以在新加坡找到。

▲喜馬拉雅的牙膏、護唇膏、美白商品都很受到歡迎

時尚流行

CHARLES & KEITH

這是新加坡本土的品牌，在台灣大家俗稱CHARLES & KEITH為「小CK」，若在網路上搜尋，會發現有許多戰利品分享文。雖然在台灣也有展店，但還是在新加坡價格親民，鞋子和包包都介於台幣1,000～2,500元左右，外加俐落時尚的設計，是不少年輕女生喜歡的品牌。樟宜機場內也有分店，是許多人大採購的最後一站。

▶新加坡各大賣場內都可以看見CHARLES & KEITH店鋪

THE EDITOR'S MARKET

這也是新加坡女生常逛的本土服飾品牌，剪裁非常有設計感，衣服質感也不錯。店內的衣服種類眾多，且價格計算方式非常特別，可以看見吊牌上都是以「1件」、「3件」、「6件」來定價。也就是買越多件越划算，是一間適合找姐妹淘一起去逛逛的店。

bYSI

創始於新加坡的品牌，設計和用色較為大膽，可以找到許多與台灣不同風格的衣服。店內也有不少設計適合OL，因此受到20～40歲女性的青睞。

iORA

OL常逛的新加坡品牌，雖然設計上不特別華麗，但產品多為基本款，適合穿去上班或會議的正式場合。由於款式沒那麼顯眼，反而耐穿，是通勤族的選擇之一。

La Senza

來自加拿大的女性內衣品牌，在台灣沒有設店，因此不少觀光客來新加坡會特別來採購。和維多利亞的祕密一樣走性感風格，但價格稍微便宜一些，折扣季的時候多會打5折左右，非常划算。

維多利亞的祕密 Victoria's Secret

雖然是美國的女性內衣品牌，但在新加坡有許多大型且款式齊全的專賣店，有不少遊客來到新加坡還是會來採購一番。烏節路上顯眼的維多利亞的祕密是亞洲第一間旗艦店，共有兩層樓，少女最愛的粉紅色外觀讓不少人就算沒打算購物，也忍不住進去逛一逛。

Chaloné

或許大家比較沒聽過這個女性內衣品牌，目前在新加坡有8間分店、泰國3間分店。在國際大品牌充斥的新加坡，Chaloné因為設計和舒適度相當不錯，因此還是有自己的客群。性感又帶著優雅的設計風格，帶些法式浪漫，和維多利亞的祕密有些不同。

辦理退稅

購物滿新幣$100即可退稅，並須至機場辦理退稅。

在新加坡購物的旅客可享有退稅的服務，而且可退稅的金額門檻不高，一間店內只要滿新幣$100即可退稅。退稅手續只能在機場辦理，若有計畫要退稅的旅客，建議提前到機場，免得因為時間不夠只好放棄退稅的權益。

退稅資格

除了是觀光客外，還須符合以下條件：
■ 非新加坡公民或永久居民
■ 購買商品時滿16歲以上
■ 購買商品日起2個月以內申請退稅
■ 從樟宜機場或實里達機場離境(請注意：走陸路過海關者無法退稅)

退稅金額門檻

在有參與退稅計畫的商店內購買滿新幣$100（最多可用同一店家3張收據合併）即可申請。

哪些店消費可退稅

有參與退稅的商店都會在店家門口貼上「Tax Free退稅」標章。若不清楚是否為可退稅店家，可直接詢問店家最為準確。別忘記購物時要帶著你的護照！結帳後再檢查一次店家給的收據是否為退稅專用，收據上會有「Electronic Tourist Refund Ticket」字樣。**請注意**：在新加坡境內使用過或食用過的商品無法退稅。

Experience 100% digital and paperless Tax Free Shopping

退稅流程Step by Step

辦理退稅分為兩個區塊，一為託運行李前的離境大廳，一為進入護照審查後的中轉區。若商品需要託運，一定得在託運前先辦理好退稅手續，因為海關有可能會檢查申請退稅的商品。

Step 1

尋找自助退稅區「GST Refund」

跟著GST Refund的標誌走就對了。

Step 2

點選中文

退稅的機台都有中文選項，因此操作上非常容易。直接點選「中文」。

Step 3

退稅條件解說

針對退稅商品和條件的詳細解釋，按「繼續」、「本人同意」前往下個步驟。

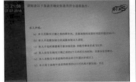

Step 4

刷護照條碼

刷護照條碼，或用鍵盤輸入護照資料。

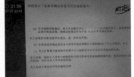

Step 5

輸入資料

輸入居住國、入境新加坡和離境新加坡的日期。

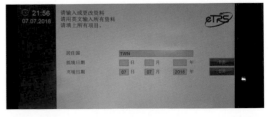

Step 6 刷卡或掃條碼

若購物時全程使用同一張信用卡消費(見右下Box)，可刷該張信用卡即可，選擇「刷卡」。若是用現金消費，可掃描退稅表單，選擇「條形碼掃描」。若表單無法掃描也可以用鍵盤輸入號碼。

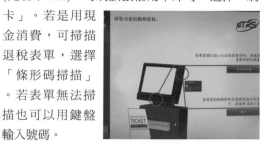

Step 7 輸入多筆消費內容

掃描後會出現退稅單消費內容。若有多張需要退稅可選擇「添加退稅單」，進行下一筆退稅申請。若要結束則按「繼續」。

Step 8 選擇退稅方式

選擇退稅領取形式為「現金」或「信用卡」。現金可在過海關後直接領取，信用卡則需等待10個工作天。

Step 9 收取通知單

確認完領取退稅金額的形式後，會列印出「通知單」。若選擇用「信用卡」領取退還金額，那麼步驟就到這邊為止，回台灣後等待稅金入帳即可。領取「現金」的人需要繼續Step.10。

Step 10 領取現金

過了護照審查之後，到中轉區尋找GST Refund人工櫃檯，準備好剛剛的通知單和護照，就可以直接領到現金了。

▲「GST Cash Refund」人工櫃檯可直接拿回現金退稅

豆知識
遊客可以拿回多少稅額？

新加坡的消費稅(Goods and Services Tax)為7%，雖然遊客可以拿回消費稅金，但還要扣除退稅的手續費，實際上只會拿回5～5.5%左右。

貼心 小提醒
刷卡購物退稅更方便

若購物時選擇刷卡消費，退稅時甚至不需要刷退稅單，直接刷該張信用卡就會出現可退稅的消費記錄。但就算是刷卡消費，也不要忘記和店家領取退稅收據，以免機檯臨時有問題，導致無法用信用卡調閱出記錄。

玩樂篇
Sightseeing

新加坡哪裡最好玩？

無論是情侶、姊妹淘、家族旅遊、親子之旅，新加坡的景點多元，適合各種需求的旅客。

本篇要告訴你人氣打卡景點的主題行程，還有馬來西亞、印尼的順遊推薦，供你延伸旅程。

人氣打卡景點

新加坡雖小，熱門的人氣打卡景點可不少！無論是餐廳、公園、組屋、公寓都超有看頭。

Olivia
@Gardens by the bay

▲ 被叢林包覆、被花朵妝點，如果你也喜歡大自然，你會愛上這裡的一切
(照片提供／Olivia Kuo)

Cindy
@Atlas

▲ 說是新加坡最高調的酒吧也不為過，和好姐妹來Atlas度過這奢華的夜晚吧
(照片提供／Cindy Wang)

xxhsc
@Fort canning park tunnel

▲ 城市中的祕境，迴旋梯勾勒出別有洞天的世界
(照片提供／xxhsc)

Mandy
@Open farm community

▲ 新鮮的食材、鄉村風格的小庭園，仿佛讓人來到世外桃源 (照片提供／Mandy Chiu)

Ichi
@Wheeler's yard

▲ 寬敞明亮的室內空間、自行車設計的牆面，無論是否為自行車愛好者，都不可錯過的絕佳聚會地點
(照片提供／Ichi Su)

Ben
@Jewel Changi airport

▲ 感受在玻璃瀑布下自己的渺小，領會到人類想像力的無限可能(照片提供／Ben Chan)

Lin
@Old Hill Street Police Station

▲ 將富有歷史的建築抹上色彩，成為無法被忽視的地標
(照片提供／Lin Hng)

Cynthia
@Jewel Changi airport

▲ 來看世界最大室內瀑布！讓你彷彿來到侏羅紀叢林世界(照片提供／Cynthia Wu)

玩樂篇

夜間漫遊之旅

位在東南亞的新加坡，四季如夏、夜晚也很溫暖！有時候白天太熱讓人不想出門，反倒晚上才激起大家出門的慾望。新加坡的夜生活非常豐富，有太多可以去、可以玩的地方，無論是適合帶小朋友去的夜間動物園，或是大人限定的豪華賭場，各種場合可以滿足不同族群的旅客。

夜間動物園
Night Safari

這是全球第一個夜間野生動物園，於1994年營業至今，每晚都可以看見滿滿的遊客在外等待入場。在這裡你可以看到動物不同於白天的一面，在黑暗之中仔細觀察這些動物們的一舉一動。若不想以步行參觀，可以搭乘全程35分鐘的園區電車，全程都會有園區動物詳細的說明。不只小朋友興奮，就連大人也都愛上這特殊動物園體驗。

- http www.wrs.com.sg/en/night-safari/
- ✉ 80 Mandai Lake Road, Singapore 729826
- 🕐 19:15～00:00 (最晚入園23:15)
- ➡ 從地鐵站卡迪站(Khatib)出口A出來搭乘動物園專車Mandai Khatib Shuttle，票價為新幣$1，需用ezlink或nets flashpay支付，不收現金，時間為每日08:00～22:40，車程約15～20分鐘，每10～20分鐘發車一班
- ℹ 成人新幣$49、小孩(3～12歲)新幣$33，3歲以下免門票。建議和其他動物園搭配套票購買較划算。夜間動物園非常熱門，需要先訂好票再前往，有限制每場次開放人數，若沒預約直接前往，可能會因為已額滿而無法進入

濱海灣花園
Gardens by the Bay

▲夜晚的濱海灣花園
(照片提供／溫士呑)

來到晚上的濱海灣花園，才剛走到就會聽到遊客此起彼落驚歎的讚美。這裡是新加坡政府以填海所打造的花園，結合了環保的理念，每棵超級樹不但可以搜集雨水、產生太陽能，樹上還長滿了植物，可說是一個個的聳立花園。到了19:45和20:45各有10分鐘左右的燈光秀(Garden Rhapsody)，搭配著音樂閃耀著，是許多遊客最難忘的新加坡夜景。

- http www.gardensbythebay.com.sg
- ✉ 18 Marina Gardens Drive, Singapore 018953
- ➡ 地鐵站海灣舫(Bayfront)步行約5分鐘。若有計畫一同拜訪金沙酒店，可從金沙酒店走連接橋前往
- ℹ 花園入場不收費，天空橋門票為大人新幣$8、小孩(3～12歲)新幣$5

讚美廣場
CHIJMES

讚美廣場就位在市中心、車水馬龍的商業區內，這裡曾經是天主教修道院，現在則成為流行商品、美食的集中地。除了販售精品的店家，廣場內有許多需要排隊的知名餐廳。電影《瘋狂亞洲富豪》的婚禮橋段也曾在這裡取景，讓原本就出名的讚美廣場更廣為人知。廣場中央有一塊人工大草坪，不少家長會選擇戶外座位，讓小朋友在廣場嬉戲。晚上廣場的燈光打亮後，浪漫的氛圍成為許多情侶愛去的約會勝地。

- http chijmes.com.sg
- ✉ 30 Victoria Street Singapore 187996
- ➡ 從地鐵站政府大廈(City Hall)步行約5分鐘

金沙酒店周邊
夜景餐廳和酒吧

金沙酒店的周邊，沿著濱海灣，所有的餐廳都打著夜景的名號吸引著觀光客。其實不只是觀光客，就連新加坡人也愛在週末預約一間夜景餐廳與好友相聚。但夜景餐廳的價格通常較為昂貴，一個人開銷大約新幣$50～70起跳，若有預算設定，建議可以吃飽後去夜景酒吧小酌一杯。

ℹ️ 地鐵萊佛士坊站(Raffles Place)周邊有許多可觀看夜景的餐廳和酒吧

▲**美酒配美景**
(照片提供／吳家萱)

▶**三五好友站在露台**
享受夜景 (照片提供／吳家萱)

克拉碼頭 Clarke Quay

克拉碼頭是新加坡年輕人晚上最愛去的地方之一，碼頭沿岸都是餐廳、酒吧，營業至半夜1～2點，若是週末便會看見成群狂歡的年輕人湊在一起。不管是想去夜店跳舞，還是去餐廳邊享用美食邊聽live band，這裡絕對是新加坡晚上最熱鬧的地方。

➡️ 地鐵克拉碼頭站
(Clarke Quay)出來
即是

▲**夜晚的克拉碼頭**(照片提供／溫士吞)

新加坡濱海堤壩 Marina Barrage

在這裡堤壩不只是儲水的功能，堤壩上的平台設計成一大片草坪，讓居民能夠在假日上來野餐、散步、放風箏，而在夜晚則能看到有別於觀光客眼中的新加坡夜景。位於金沙酒店和濱海灣花園的後方，可見到另一種不同面向的美景。夜晚常見到三五好友、情侶上來堤壩聊天談心，是較少觀光客知道的祕密景點之一。

🌐 www.pub.gov.sg/marinabarrage
✉️ 8 Marina Gardens Dr, Singapore 018951
💲 不需門票
➡️ 需開車或搭
計程車前往

▶**從濱海堤壩上**
所看到的夜景

特殊建築

不像去許多國家總是去看歷史建築、各式各樣的老房子，來新加坡可以看看創意無限，令人驚豔的新房子！無論是形狀歪斜、或是被植物爬滿了的大樓，都會讓人覺得新加坡是個讓人想像力無限的國家。

愛雍‧烏節 ION Orchard

在熱鬧的烏節路上，最顯眼的賣場肯定就是ION了！ION購物中心開業於2009年，成為新加坡重要的地標之一。其實ION新穎的建築造型並不是毫無理由，這裡原先是一片果園，因此建築師融入了植物的莖、果實、外皮等形象來重新展現這塊土地。

🔗 www.ionorchard.com
✉ 2 Orchard Turn, Singapore 238801

▲ION顯眼的建築在烏節路上沒人能忽略它

螺旋橋 The Helix

啟用於2010年，全長280公尺、寬6公尺，螺旋橋連接起濱海灣金沙和濱海灣市區。螺旋橋由澳洲和新加坡的建築團隊共同設計，設計的靈感則是來自DNA的形象。夜晚的螺旋橋點亮紫色燈光，比白天還要起眼的多。

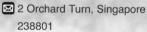
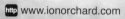

✉ 10 Bayfront Avenue, Singapore 018956

▶螺旋橋的構想來自DNA
(照片提供／溫士吞)

亨德申波浪橋 Henderson Waves

建於2008年的亨德申波浪橋長274公尺，橋如其名採上下起伏的波浪設計，並使用東南亞的巴勞木為建材。這也是新加坡最高的人行步道橋，走在橋上可欣賞一旁大自然的美麗風景，沿途都有座位可以休息，是許多新加坡人假日的散步首選。每天晚上19:00～02:00會開啟LED照明，讓波浪橋有了另一種韻味。

✉ Henderson Road, Singapore 159557

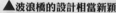

▲波浪橋的設計相當新穎　▲途中的凹洞設計讓人可以在裡頭休憩、乘涼

新加坡市中豪亞酒店 Oasia Hotel Downtown

從地鐵丹戎巴葛站(Tanjong Pagar)走出來，最引人矚目的絕對是這棟新加坡市中豪亞酒店。在27層樓高的樓外加上紅色格子，另外種植綠色植物將整棟樓包起來，為這鋼筋水泥的世界帶來了不同的生命力。

✉ 100 Peck Seah St, Singapore 079333

▶被綠色植物給包裹著的飯店

濱海藝術中心 Esplanade

每次說到濱海藝術中心，大家總會想到它「榴槤」造型的外觀。原先的設計概念為使用玻璃，但考量到新加坡炎熱的陽光，後來採用鋁片替代，也因此產生了像是榴槤的外貌。濱海藝術中心每天都有不同的表演，無論是戲劇、音樂會，各類藝文活動都在這兒上演著。

http www.esplanade.com

✉ 1 Esplanade Drive, Singapore 038981

▲近看鋁片的設計排列
(照片提供／溫士吞)

▲從上往下看是不是很像大大的榴槤呢(照片提供／溫士吞)

舊禧街警察局 Old Hill Street Police Station

建於1934年，6層樓高、擁有927扇彩色的窗戶，彩色窗戶顏色為綠、藍、紫、黃、紅5種顏色。這棟建築從原先是警察局大樓，到現在是新聞和藝術部門，1樓的公共空間可進去參觀。將歷史的建築增添色彩，並賦予它新的生命，讓經過它的旅客都忍不住駐足合影。

✉ 140 Hill St, Singapore 179369

▲色彩鮮豔的窗戶為建築帶來新的生命力

▲晚上燈光亮起後也很有特色

翠城新景公寓 The Interlace

乍看到這層層交錯堆疊的房子，可能還搞不清楚狀況這到底是什麼功能的建築。其實這只是一般新加坡的私人住宅，由德國建築師Ole Scheeren所設計。雖然建築很特殊，但由於是私人住宅，並沒有開放非住客進入，旅客只能在外面經過時看看、拍拍照了。

✉ 180 Depot Rd, Singapore 109684

▶很難想像這只是一般的私人住宅

達士嶺組屋 Pinnacle@Duxton

2009年落成的政府組屋，也是世上最高的國民住宅。26樓和50樓的空中花園為世界最長的空中花園，連結了7棟建築，26樓的花園僅供住戶使用，50樓空中花園入場費用為新幣\$6，需以ezlink卡當感應卡進入。頂樓的開放時間為09:00～21:00。就算不上去頂樓花園，在建築下方抬頭往上看，也會感受到達士嶺組屋帶給人的震撼。

http www.pinnacleduxton.com.sg

✉ 1 Cantonment Road, Singapore 080001

▲7棟連在一起的50層樓組屋非常壯觀

▲樓下有公共區域介紹當地的故事

行程規畫

以主題包裝規畫行程，提升玩樂的樂趣。

新加坡5天4夜行程

新加坡國土面積小，離台灣只需4～4.5小時航程，因此大多數從台灣出發的旅客會將行程長短設定在5天4夜。利用週末外加請3天假，就可以暢遊新加坡大部分的重要景點。以下路線為參考範例，可依照自己的班機時間做規畫和增減。

Day 1　搭機出發

09：00	搭機前往新加坡
15：00	飯店check-in
16：00	前往濱海灣公園參觀2間溫室
19：45	觀賞濱海灣公園燈光秀
21：00	金沙酒店賣場前戶外廣場水舞秀
午餐推薦	可在飯店附近熟食中心嘗試幾樣新加坡道地小吃
晚餐推薦	金沙酒店商場內的美食街，或是金沙酒店樓上的餐廳，邊享用美食邊欣賞水舞秀

Day 2　動物園之旅

09：00	在新加坡動物園和猩猩共進早餐後參觀園區(早餐需預約)
13：00	參觀新加坡河川生態園
19：00	回到市區
午餐推薦	可選擇在其中一間動物園餐廳用簡餐
晚餐推薦	市區享用辣椒螃蟹，大吃一頓

Day 3　影城漫遊

10:00～18:00	在環球影城內享受刺激的雲霄飛車和精彩表演(閉園時間每日不盡相同，請上官方網站查詢)
午餐推薦	在遊樂園內享用便餐
晚餐推薦	環球影城外聖淘沙名勝世界，有非常多餐廳供選擇。其中「馬來西亞美食街」有許多東南亞不可錯過的小吃，肉骨茶、福建麵、叻沙全部都可以在這裡找到

Day 4　藝文隨走

09：00	參觀新加坡國家博物館
11：30	參觀濱海藝術中心
12：30	走過金禧橋來到魚尾獅公園，馬路對面即為知名的富麗敦飯店
13：30	牛車水區域。順道可以參觀佛牙寺龍華院、詹美回教堂等知名地標
16：00	小印度區域。品嘗印度美食，遊逛24小時營業的慕達發大賣場
19：00	新加坡最熱鬧的購物街烏節路，各大精品及百貨都聚集在此

午餐推薦	在牛車水區域有許多中式餐廳供選擇，或是到麥士威熟食中心的天天海南雞朝聖
晚餐推薦	可至紐頓熟食中心吃烤雞翅、以及海鮮熱炒

Day 5　搭機回台

10:00	前往樟宜機場的星耀樟宜，在舒適的賣場最後採買
15:00	搭飛機返回台灣
午餐推薦	星耀樟宜內有非常多的餐點選擇，但熱門的餐廳需要花不少時間排隊，應考量自己的航班時間

轉機一日遊

　　新加坡樟宜機場為東南亞主要的轉機點之一，許多旅客只在此做短暫的停留，台灣護照入境新加坡觀光，停留30天內不需要另外辦理簽證，若兩班機銜接超過6小時以上，可以考慮入境新加坡來個走馬看花的小旅行。以下以航班間隔18小時的遊客為範例。

05：00	飛機降落新加坡樟宜機場
07：00	通過護照審查、拿取行李來到入境大廳
08：00	搭乘地鐵進入市區，品嘗新加坡傳統早餐咖椰吐司和半熟蛋，再配杯Teh
10：00	到濱海灣花園，之後順便步行到金沙酒店和商場。午餐可在商場內的美食街享用，知名的黃亞細肉骨茶在那也有分店
14：00	來到新加坡必去地標魚尾獅公園，拍張紀念照吧
16：00	搭乘地鐵來到小印度，感受新加坡的多元文化。晚餐不妨試試道地的印度料理
19：00	搭上地鐵返回樟宜機場
20：00	抵達樟宜機場進行機位check-in
23：00	搭飛機前往目的地

行家祕技　航班銜接少於6小時的玩法

　　從飛機降落、過海關到真正入境新加坡，可能已經耗費2小時，加上建議在下一班航班起飛前2小時辦妥登機手續，這樣一來已經扣掉4小時，其實只剩下2小時自由的時間。時間太短不建議前往市區，可以去樟宜機場最新的商場「星耀樟宜JEWEL」，在那裡你絕對不會無聊，還有各式新加坡美食任你嘗，可能還會嫌時間不夠哩！

 豆知識

免費的樟宜機場轉機之旅

　　這是由樟宜機場免費提供的轉機一日遊，旅客必須要有至少5.5小時的轉機時間，報名地點在第二和第三航廈的過境區域，若已經出護照審查、海關區域就無法報名了。跟團需隨團同進同出，中途不可脫隊，最後會將旅客送回樟宜機場。各項規定和條款請參閱以下網址。

 bit.ly/35TALWH

▶過境區中可找到免費轉機之旅的牌子

主題小旅行

與不同旅伴的出遊，將帶來不同的回憶。

根據旅伴的不同，一起想去的地方也會不一樣！新加坡雖然小，但有繁華的市區景致，也有讓你沐浴在大自然的健行步道，另外還有許多適合小朋友玩耍的地方。規畫行程時不妨和旅伴一起討論，設計出大家都滿意的行程，一起留下美好的回憶吧！

不同旅伴的目的選擇

情侶、夫妻

新加坡摩天輪
克拉碼頭
夜間動物園
新加坡濱海堤壩
金沙酒店景觀餐廳
聖淘沙3處沙灘

親子

4間新加坡動物園
環球影城
聖淘沙海洋館
東海岸公園
魚尾獅公園
福康寧公園

銀髮族

新加坡國立博物館
新加坡植物園
虎牌啤酒釀酒廠見學
濱海灣花園
新加坡國家美術館
南部山脊健行

姊妹淘

藝術科學博物館
金沙劇院觀賞歌舞劇
讚美廣場
烏節路購物
登布希山區域咖啡廳
甘榜格南小店尋寶

行家祕技　購買便宜門票的好方法

　　新加坡各個樂園、博物館門票都不便宜，建議可以事先在網路上將票購買好，累積起來也可以省下一小筆。這幾年最為方便且多人使用的訂票網站為KKday和KLOOK，只需線上付款就會收到e-mail的電子票券。但很多入場券因為有場次人數控制，需在多天前預訂，等候訂購結果是否成功。因此若臨時起意要去，可能就來不及在網路上購買折扣票了。

　　另外還有不少人會去「牛車水」華人開的旅行社買票，出發前別忘記查看官網票價，才有辦法比較。

KKday **http**：www.kkday.com/zh-tw　　KLOOK **http**：www.klook.com/zh-TW/

熱門旅遊景點

每年都不斷有新景點出現的新加坡，值得一玩再玩！

新加坡雖然國土面積小，但值得去的觀光景點可不少。雖然不是以擁有歷史悠久古蹟取勝，但新加坡每隔幾年總是會有嶄新、令人期待的新觀光景點出現。若真要把所有景點走遍，一星期可能都不夠哩！

濱海灣金沙酒店
Marina Bay Sands (簡稱MBS)

新加坡的地標之一濱海灣金沙酒店，飯店地下直結地鐵站、和複合式的商場連結、後方人行步道橋直通濱海灣花園。若想要在這裡待上一天，也絕對不會讓你無聊。這裡是不少旅客的雨天備案，擁有大量的餐廳、商店，從一般平價到奢華高價的選擇都有，還有賭場、博物館可讓你花不少時間在裡面。

http www.marinabaysands.com

✉ 10 Bayfront Avenue, Singapore 018956

➡ 地鐵海灣舫站(Bayfront)出來即是

◀金沙酒店為3棟高樓組成，1樓相通。上方船型平台則是無邊際游泳池以及高空酒吧。前方蓮花造型建築為藝術科學博物館

金沙劇院 Sands Theatre

如果你喜歡音樂劇，來到新加坡前，不要忘記先上網確認金沙劇院的演出資訊。許多知名百老匯音樂劇，只要來到亞洲巡迴表演，一定不會錯過金沙劇院。知名的的百老匯音樂劇，《獅子王》、《歌劇魅影》、《貓》、《媽媽咪呀》、《阿拉丁》等膾炙人口的音樂劇都來此表演過。

http hk.marinabaysands.com/entertainment.html

▲劇院內部

◀開場前不要忘記和入口處的背板拍照留影

▌藝術科學博物館 Art Science Museum

除了不定期的藝文展覽、講座外，這裡最吸引人的就是藝術科學博物館了。藝術科學博物館就位在商場前的蓮花建築內。將科學和藝術結合，光影巧妙運用，利用電腦讓民眾可以與藝術互動，無論是大人、小孩都會深深愛上這裡。

🌐 hk.marinabaysands.com/museum.html

🕐 每日10:00～19:00 (最後入場為18:00)。為了控制進場人數，進場有分時間場次，建議避開週末與國定假期

ℹ️ 票價有分「單場展覽」、「兩場展覽」不同票價，可依自身行程規畫選擇。單展票價成人新幣\$19、孩童(2～12歲)新幣\$14；雙展票價成人新幣\$32、孩童(2～12歲)新幣\$24。

▲藝術科學博物館內部　▲藝術科學博物館外觀

▌幻彩生輝光影水幕表演Spectra A light & water show

位於商場前的活動廣場，精采的光影水幕秀伴隨著音樂及雷射，給旅客視覺和聽覺的饗宴。表演為免費不需門票，週日～四20:00和21:00兩場，週五～六則於22:00多加一場。

🌐 hk.marinabaysands.com/entertainment/spectra.html

▲幻彩生輝光影水幕表演

濱海灣花園
Gardens by the Bay

除了令大家印象深刻的超級樹之外，整片花園占地101公頃，分為濱海南花園(Bay South Garden)和濱海東花園(Bay East Garden)。需要門票入內的設施有空中走道和兩大溫室，分別為雲霧林(Cloud Forest)和花穹(Flower Dome)。雲霧林內有6公尺高的室內瀑布，遊客一進入就會被這壯觀的景象給震懾，可搭乘電梯上去走空中步道，從上往下一覽館內植物，仿佛來到了真的叢林之中。花穹內可以看見依照不同主題而種植的花朵，繽紛燦爛的顏色讓旅客相機沒放下過，館內還有咖啡廳和餐廳，讓你視覺和味覺都能滿足。兩間溫室溫度都維持在23～25℃之間，因此非常涼爽。

🌐 www.gardensbythebay.com.sg

✉️ 18 Marina Gardens Dr, Singapore 018953

🕐 09:00～21:00 (最後入場時間20:00)。戶外花園開放至02:00

➡️ 地鐵海灣舫站(Bayfront)步行約5分鐘

ℹ️ 1.雲霧林和花穹套票新幣\$28、奇幻花園新幣\$20。戶外花園不需門票

2.2019年4月才對外開放的奇幻花園(Flora Fantasy)是濱海灣花園的最新景點，也是不少女性最想去的景點之一。裡頭結合科技和花卉，如夢似幻的花海讓旅客擁有嶄新的體驗。

▲室內溫室氣溫很宜人

▶雖然是人造的瀑布，但仍讓人感到震撼

玩樂篇

◀從空中步道向下望的景致

▼超級樹

新加坡摩天觀景輪
Singapore Flyer

高165公尺,相當於42層樓高,總共擁有28個車廂。新加坡摩天觀景輪轉一圈需耗時30分鐘,超大的車廂還能夠化身為浪漫的餐廳,不少連續劇、電影都曾在這取景。搭乘摩天輪可以觀覽整個濱海灣區的景致,無論白天或是晚上,都各有不同的風情。

- http www.singaporeflyer.com/zh-hans/
- ✉ 30 Raffles Avenue, Singapore 039803
- 🕐 08:30～22:30 (售票至22:00)
- ➡ 地鐵寶門廊站(Promenade)步行約15分鐘
- ℹ 成人新幣$33、孩童(3～12歲)新幣$21

▶新加坡摩天觀景輪
(照片提供／溫士吞)

魚尾獅公園
Merlion Park

要說到新加坡必去景點,一定不會少了魚尾獅公園。新加坡旅遊的形象,絕對逃不了那隻會噴水的魚尾獅雕像。這座雕像是新加坡雕塑家林浪新的作品,於1972年完成。其實魚尾獅公園搬過家,現在的魚尾獅公園是於2002年搬遷過來,不但視野變好,占地也更大了。在魚尾獅身後有座小型魚尾獅雕像,外表貼著陶瓷鱗片,小巧可愛,也是熱門的拍照景點之一。

- ✉ 1 Fullerton, Singapore 049213
- ➡ 地鐵萊佛士坊站(Raffles Place)步行約10分鐘

▲新加坡必訪的景點

▶噴水魚尾獅身後的小型魚尾獅

(照片提供／溫士吞)

路上觀察 **觀光客定番魚尾獅接水照**

▲最基本的近距離接水照

▲遠距離接水照(照片提供／吳家萱)

▲不好意思開口接,用手接也可以(照片提供／吳家萱)

新加坡動物園專區

　　小小的新加坡，居然有4個動物園，且每間動物園的旅客都絡繹不絕。新加坡的動物園門票絕對不算便宜，但為何每年還是吸引了這麼多的遊客去朝聖？那是因為動物園內的公共設施完備、互動活動多、人與動物間不是單純隔著鐵欄杆相望，打破了許多動物園給人的刻板印象。

　　夜間動物園請見P.137，其他三家介紹如右。

▲除了裕廊飛禽公園外，其他3間動物園都在同一區塊

貼心 小提醒

前往動物園須知

1. 動物園多為戶外，新加坡天氣相當炎熱，建議帶水壺(園內設有飲水機可裝水)及做好防曬措施。
2. 若要一天內玩完2～3間動物園，需要一定體力，帶小孩的家長應衡量小孩體力安排行程。
3. 日間動物園園內設有兒童戲水區，可幫小朋友準備泳衣、毛巾和換洗衣物。
4. 新加坡動物園的早餐行程需事前預約，經常額滿，建議行程確定後就上網預訂。
5. 這4間動物園的票都不便宜，若事先在網路上預訂，或在新加坡當地旅行社購買套票都會便宜不少。套票的種類非常多，可依照旅遊時間規畫來選擇。

新加坡動物園
Singapore Zoo

　　園內共有11個展區，和4種動物表演秀，每種秀各有2場。建議想要欣賞動物秀的旅客，事先計畫好想要看的秀，再安排動物園內的動線與行程。這裡的動物秀很特別，不是訓練動物各種雜技，而是誘導牠們展現出其最自然的本能。

　　園內也有付費的遊園車，若真的體力不支不妨多加利用。

http www.wrs.com.sg/en/singapore-zoo.html

✉ 80 Mandai Lake Road, Singapore 729826

🕐 08:30～18:00 (最後入園17:30)

💲 成人新幣$37、小孩(3～12歲)新幣$25、3歲以下免門票。建議和其他動物園搭配套票購買較划算

◀一部分的小動物在園區任意走動，讓小朋友都覺得很新鮮

▼可愛動物區可以實際觸碰小動物

▲表演中邀請小朋友一起來參與

▲大象表演也很受到歡迎

新加坡河川生態園
River Safari

這裡是全世界唯一一個以河川為主題的動物園，和新加坡動物園與裕廊飛禽公園相比，是歷史最短的，正式開幕為2014年。河川生態園最吸引人的就是搭乘小船優游亞馬遜河區域，船程約10分鐘。另外可愛的大熊貓「嘉嘉」和「凱凱」也是園區人氣明星，週末假日可要排隊，才能看見牠們可愛的模樣。

- **http** www.wrs.com.sg/en/river-safari.html
- 🕐 10:00～19:00 (最後入園18:30)
- 💲 成人新幣$34、小孩(3～12歲)新幣$23、3歲以下免門票。建議和其他動物園搭配套票購買較划算

▶河川生態園入口

▼以河川為主題的動物園

▲大熊貓是這裡的明星動物
(照片提供／溫士吞)

▲餐廳販售熊貓造型包子
(照片提供／溫士吞)

裕廊飛禽公園
Jurong Bird Park

裕廊飛禽公園開幕於1971年，對於喜愛鳥類的旅客，是絕對不可錯過的地方。不同於另外3間動物園集中在同一區塊，裕廊飛禽公園位在新加坡西部的裕廊山上。園內兩大表演「空中禽王Kings of the Skies」和「展翅高飛High Flyers」一天各有2場，精采的表演讓人歎為觀止，很難想像鳥類也可以訓練到出場表演，和觀眾的互動也很有趣。

中午可選擇與鸚鵡共進午餐，一邊享用美食一邊近距離聽專業的飼養員解說鸚鵡的習性。園區內有孩童戲水區，帶小朋友前往的家長可準備毛巾和換洗衣物。

- ✉ 2 Jurong Hill, Singapore 628925
- 🕐 08:30～18:00 (最後入園17:30)
- 💲 成人新幣$30、孩童(3～12歲)新幣$20
- ➡ 從地鐵文禮站(Boon Lay)轉搭公車194號

▲工作人員解說鳥類的習性

◀裕廊飛禽公園入口

▼與鸚鵡一起午餐後可近距離合照

▲邀請小朋友參與表演

世界文化之旅

小印度 Little India

如果覺得直接去印度挑戰性太高,不妨先來新加坡的小印度逛逛。這裡的建築擁有印度的繽紛色彩,沿街販售著印度的美食,還有許多印度才見得到的生活用品。由於住在新加坡的印度人也很多,每到週末假日他們會來這區採買、吃吃家鄉味,穿梭在人群之中,彷彿身屬於真的印度。不可錯過美食街竹腳中心、維拉瑪卡里雅曼興都廟(Sri Veeramakaliamman Temple)、印度文化遺產中心,另外還有24小時營業的大賣場慕達發中心(Mustafa Centre),就算不買東西,進去看看他們賣什麼也很有趣喔!

▲小印度街道上的房舍色彩鮮豔(照片提供/溫士吞) ◀街邊販售前往寺廟奉祀的花串(照片提供/溫士吞)

▲來小印度體驗道地的印度料理(照片提供/溫士吞)

維拉瑪卡里雅曼興都廟
Sri Veeramakaliamman Temple

🌐 srivkt.org

✉ 141 Serangoon Road, Singapore 218042

🕐 每日05:30～21:30

➡ 地鐵小印度站Little India步行約5分鐘

慕達發中心 Mustafa Centre

🌐 www.mustafa.com.sg

✉ 145 Syed Alwi Road, Singapore 207704

🕐 24小時

➡ 地鐵小印度站(Little India)步行約11分鐘;花拉公園站(Farrer Park)步行約5分鐘

甘榜格南 Kampong Glam

這一區以前是阿拉伯人和馬來人聚集的地方,因此若想感受回教文化的氣息,一定要去甘榜格南走走。阿拉伯街(Arab Street)沿街有不少中東的餐廳,路邊販售著充滿異國風情的雜貨,最不能錯過的還是蘇丹回教堂(Sultan Mosque)和馬來傳統文化館(Malay Heritage Centre),入內參觀可以更了解關於回教的故事。位於這區的哈芝巷(Haji Lane)是近年年輕人最愛去的地方之一,許多個性小店和咖啡廳都坐落在此,建築上的塗鴉也是吸引旅客前來的理由。

玩樂篇

▲巷內的塗鴉色彩鮮豔,是拍照的熱門景點之一

▲特色小店多,所以年輕人特別喜愛來此逛逛

蘇丹回教堂 Sultan Mosque

http sultanmosque.sg

✉ 3 Muscat Street, Singapore 198833

🕐 週一～日09:30～12:00、14:00～16:00(週五14:30～16:00)

➡ 地鐵武吉士站(Bugis)步行約5分鐘

馬來傳統文化館 Malay Heritage Centre

http www.malayheritage.org.sg/en

✉ 85 Sultan Gate, Singapore 198501

🕐 週二～日10:00～18:00。週一休館

➡ 地鐵武吉士站(Bugis)步行約10分鐘

荷蘭村 Holland Village

這裡曾是英國人、荷蘭人聚集的地方,但荷蘭村這個名字可和「荷蘭」這個國家沒關聯,而是以英國建築師Hugh Holland的名字來命名,所以如果對荷蘭村的想像是滿滿的風車和鬱金香,可能要失望了。這裡聚集了一些創意小店和異國餐廳,晚上會見到不少人在小酒館聚會,若喜歡悠閒的氣氛,可以來這裡走走看看。另外荷蘭村最知名的就是「椰漿飯」,2003年新加坡拍攝了一齣名為《荷蘭村》的連續劇,故事內容是關於在荷蘭村賣椰漿飯的一家人。所以不少人來到荷蘭村,就是得來盤椰漿飯才覺得不虛此行。

➡ 地鐵荷蘭村站(Holland Village)

▲荷蘭村的熟食中心外也有個小風車

牛車水 China Town

和其他國家的中國城不同，這裡的中國城被稱為「牛車水」。據說從前因為沒有自來水，必須靠著牛車載著井水來到此地，因此被叫做牛車水。現在這裡是觀光客聚集的地區之一，有著很多青年旅館、換錢所、餐廳、紀念品專賣店，到了華人過年時的那陣子更是熱鬧。這裡不可錯過的景點有詹美回教堂Masjid Jamae、馬里安曼興都廟(Sri Mariamman Temple)、佛牙寺龍華院(Buddha Tooth Relic Temple and Museum)、麥士威熟食中心(Maxwell Food Centre)(詳見P.98)，可以感受到新加坡的多元文化和信仰，就算是在街道上走馬看花也很有意思。

▲牛車水沿街販售紀念品，是觀光客採買的好地方

◀牛車水內的美食街

◀麥士威熟食中心
(照片提供／溫士吞)

詹美回教堂 Masjid Jamae

- http www.masjidjamaechulia.sg
- ✉ 218 South Bridge Road, Singapore 058767
- 🕐 週日～四10:00～18:00，週五10:00～12:00、14:30～18:00
- ➡ 地鐵牛車水站(China Town)步行約5分鐘

馬里安曼興都 Sri Mariamman Temple

- http smt.org.sg
- ✉ 244 South Bridge Road, Singapore 058793
- 🕐 每日7:00～11:30、18:00～20:45
- ➡ 地鐵牛車水站(China Town)步行約5分鐘

佛牙寺龍華院
Buddha Tooth Relic Temple and Museum

- http www.btrts.org.sg
- ✉ 288 South Bridge Road, Singapore 058840
- 🕐 週一～日07:00～19:00／博物館開放時間週一～日09:00～18:00
- ➡ 地鐵牛車水站China Town步行約5分鐘

玩樂篇

博物館周遊之旅

新加坡國立博物館
National Museum of Singapore

新加坡國立博物館是
新加坡最古老的博物
館，其建築也被列為新
加坡國家古蹟。若想了
解一個國家的歷史，最

▲建築本身已是古蹟

快的方法就是去博物館逛逛，而這間新加坡國立
博物館就是你深入新加坡歷史的最快途徑。裡頭
將現代的科技與從前的歷史結合，互動的方式讓
人對歷史更感興趣。也常舉辦針對小朋友的活
動，讓學習歷史不再是一件無聊的事情。

---

http www.nationalmuseum.sg

✉ 93 Stamford Road, Singapore 178897

🕐 新加坡歷史展館(Singapore History Gallery)每日
10:00～18:00 (最後入場17:30)、新加坡生活展館
(Singapore Living Galleries)每日10:00～20:00(最
後入場19:30／18:00～20:00免費入場)

➡ 地鐵明古連站(Bencoolen)步行約3分鐘

ℹ 全票新幣$15、優惠票新幣$10(60歲以上、學生、
身心障礙者及其陪伴者)

新加坡國家美術館
National Gallery Singapore

這裡是新加坡最
大的博物館，由「前
市政廳」和「前最高
法院」兩棟歷史建築
改建而成，一進去就
會發現這兩座古蹟被
巧妙的連結在一起。

就算是對美術完
全沒興趣的人，來到新加坡也應該進來新加坡國
家美術館看看，因為光是建築本人就令人驚嘆。
館內也有不少免付費區域，時間不足的旅客可選
擇性參觀。館內有豐富的東南亞藝術品收藏，另
有藝術相關的演講和座談會。由於展區面積較
大，建議入場時先索取地圖，避免迷失在藝術品
之中。

---

http www.nationalgallery.sg

✉ 1 St Andrew's Road, Singapore 178957

🕐 週六～四10:00～19:00／週五10:00～21:00

➡ 地鐵市政廳站(City Hall)步行約5分鐘

ℹ 全票新幣$20、優惠票新幣$15(60歲以上、7～12歲
孩童、外籍學生和教師)、6歲以下孩童免費

亞洲文明博物館
Asian Civilisations Museum (簡稱ACM)

這間博物館不光只是用歷史年分展示古物，而
是運用不同主題，例如貿易、宗教信仰等劃分展
區。內容豐富，涵蓋了多種不同文化，是位在東
南亞中心位置的新加坡獨有的特色。連鎖餐廳
Privé也開在館內，有室內、外座位提供，可欣賞
到新加坡河的景致，非常受到遊客歡迎。

http www.acm.org.sg

✉ 1 Empress Place,
Singapore 179555

🕐 每日10:00～19:00／週
五10:00～21:00 (最後
入場為關館前15分鐘)

➡ 地鐵萊佛士坊站(Raffles Place)步行約5分鐘

ℹ 全票新幣$8、優惠票新幣$4(60歲以上、學生、身
心障礙者及其陪伴者)、6歲以下孩童免費

城郊熱點

福康寧公園
Fort Canning Park

　　坐落在市中心，可說是水泥叢林中的世外桃源。公園有18公頃，裡頭有相當多歷史遺址，例如海運角(Maritime Corner)和二戰時期的碉堡(Battle Box)，另全區劃分為9個花園，各有不同主題。園區內還有一間五星級的精品酒店「福康寧酒店」，若喜歡這種被包圍在大自然中的環境，是個不錯的住宿選擇。

- 🕐 公園亮燈時間：19:00～07:00
- ➡️ 公園有多個入口，請選擇自己較方便的路線進入。地鐵福康寧站(Fort Canning)出口B至公園入口步行約5分鐘；地鐵克拉碼頭站(Clarke Quay)出口E至公園入口步行約10分鐘；地鐵多美歌站(Dhoby Ghaut)出口B至公園入口步行約10分鐘

▲克拉碼頭旁的福康寧公園入口處

▲海運角

▲公園內有大片草原，週末假日許多家庭會來此踏青

▶公園內的歷史遺跡

▼鬧中取靜的福康寧飯店

HOTEL FORT CANNING

登布西山
Dempsey Hill

　　這裡是從前英軍駐紮的營地，之後改建為餐廳、家飾店的區域。像是來到了歐洲小鎮的感覺般，一間間獨棟的房子各有不同的特色，而綠意所包圍的環境讓人可以在此放鬆地用餐。此區餐廳多屬中高價位，是約會的勝地之一。

- 🌐 www.dempseyhill.com
- ➡️ 有從市區指定地點的接駁車，詳細內容可看官方網站「Find us」→「For Shuttle Bus Schedule」

玩樂篇

東海岸公園
East Coast Park

逛膩了觀光客的市區行程嗎？不如來東海岸公園，體驗新加坡人的休假。東海岸公園面積為185公頃、海灘長15公里，是新加坡面積最大的公園。由於占地太廣，因此劃分為A～G區，如果和朋友相約在東海岸公園，切記要說好指定的見面地點。在東海岸公園可以待上一整天都不嫌膩，這裡有慢跑步道、腳踏車步道、烤肉台、露營場、釣魚池，還有數不盡的美食(烤肉台和露營場需事先預約)。海邊有不少知名的海鮮餐廳，或是去東海岸熟食中心(East Coast Food Lagoon)吃點新加坡的在地小吃都不錯。

➡ 公園沿著East Coast Parkway和East Coast Park Service Road，目前沒有地鐵，只有公車可抵達

▲假日有許多人會租借烤肉台在公園內聚會

▲東海岸熟食中心

▲公園內有腳踏車步道、慢跑步道

▲租台四人腳踏車和朋友在此享受悠閒午後(照片提供／溫士吞)

▲東海岸沙灘的沙雕藝術 (照片提供／溫士吞)

虎牌啤酒釀酒廠
Tiger Brewery

虎牌啤酒於1932年設立，是新加坡最大的本土啤酒品牌，並銷售至全世界。來到東南亞，絕對要嘗嘗虎牌啤酒的滋味。想參觀虎牌啤酒釀酒廠需事先預約，試飲活動僅限21歲以上成人，釀酒解說為週二～週日，每日有5個場次。

🌐 tigerbrewerytour.com.sg

✉ 459 Jalan Ahmad Ibrahim, Singapore 639934

💲 釀酒廠參觀行程：網路預購週末新幣$20、平日新幣$18

➡ 從地鐵站裕群站(Joo Koon)出來後走到公車總站轉乘182或182M號，約15分鐘車程可抵達虎牌釀酒廠

聖淘沙Sentosa

在擁有輕鬆氛圍的度假小島放開胸懷，享受歡樂。

馬來語中「Sentosa」有和平、寧靜的意思，就像是這座小島帶給人的感受。無論是外國旅客或是新加坡當地人，都可以在這輕鬆氛圍的南洋小島度過愉快的假期。若你喜歡刺激的活動，可以去邁佳探險樂園(Mega Adventure Park)體驗叢林飛索(MegaZip)或是叢林跳躍(MegaJump)從高處一躍而下。若只想放鬆躺在沙灘放空，這裡有三處海灘任你挑選。或是一家大小在主題樂園裡搭乘雲霄飛車，享受天倫之樂。

交通方式

如何抵達聖淘沙

方式	費用(新幣)	備註
步行	免費	可從怡豐城(VivoCity)沿著Sentosa Boardwalk步行道入島
自行車	免費	可從怡豐城(VivoCity)沿著Sentosa Boardwalk騎單車入島
聖淘沙快捷 (Sentosa Express)	$4	從怡豐城(VivoCity) 3樓搭乘
公車123號	依照距離計算	從市區各點至聖淘沙名勝世界
公車RWS8	$1	從怡豐城(VivoCity)公車站搭乘至聖淘沙名勝世界
私家車／計程車	車資＋入島費	額外加收入島費 07:00～12:00、14:00～17:00為$6；12:00～14:00、17:00～07:00為$2
纜車Cable Car (花柏山線Mount Faber Line)	全票$33／孩童票$22	1.從地鐵港灣站(Harbourfront)轉乘纜車，沿著「Cable Car」的指標走即可。另有花柏山線(Mount Faber Line)和聖淘沙線(Sentosa Line)的套票：全票$35、孩童票$25 2.選擇搭乘纜車前往聖淘沙雖然最為昂貴，但沿途景致最為優美，因此此仍是許多觀光客的最愛

請注意：
1.聖淘沙島內的聖淘沙快捷Sentosa Express和循環巴士都可以免費搭乘。
2.票價和各種交通方式隨時會有更動，請以官方網站公布的為主。官方網址：www.sentosa.com.sg
3.下載聖淘沙的官方APP可幫助你更有效的在島內觀光，不只有詳細的地圖和線上售票功能，還有不少餐廳的折價券。官方APP：MySentosa

(製表／張念萱)

聖淘沙三大海灘

聖淘沙島上共有三處海灘，分別為西樂索海灘(Siloso Beach)、巴拉灣海灘(Palawan Beach)和丹戎海灘(Tanjong Beach)，這些海灘都各有特色。西樂索海灘是最多遊客聚集的地方，也是大部分餐廳、酒吧的所在處。巴拉灣海灘是亞洲大陸的最南端(Southernmost Point of Continental Asia)，

走過長長吊橋可以看見位在最南端的牌子，是不是很特別呢？丹戎海灘最少觀光客前往，想在海灘好好放鬆的人可以來這邊看看。

http www.sentosa.com.sg/explore/beaches

🕐 亞洲大陸最南端紀念牌09:00～19:00

➡ 各沙灘可搭乘聖淘沙海灘火車Sentosa Beach Tram抵達

▲西樂索海灘的地標，許多觀光客都會在此合影

▲巴拉灣的黃昏

▲亞洲大陸最南端紀念牌

斜坡滑車
Skyline Luge

搭乘空中吊椅前往山頂，再從上面乘斜坡滑車而下！速度要快要慢自行控制，有點刺激適合一家大小同樂，小小孩也可和家長騎乘一台斜坡滑車。沿路可鳥瞰聖淘沙景緻，是不少遊客的聖淘沙必去景點。

http www.skylineluge.com/en/sentosa

✉ 45 Siloso Beach Walk Sentosa, Singapore 099003

🕐 每日10:00～21:30

$ 2趟空中吊椅＋斜坡滑車新幣$24、3趟空中吊椅＋斜坡滑車新幣$27，另有多種套票供選擇。不少預售票券的網站如KKday、KLOOK，有更為優惠的價格，建議出發前多加比較

➡ 聖淘沙快捷英比奧站(Imbiah)

聖淘沙邁佳探險樂園
Mega Adventure Park

喜歡刺激的人，絕對不能錯過到這裡體驗入門者的極限運動。最受喜愛的活動有叢林飛索(MegaZip)、叢林索道探險(MegaClimb)和叢林跳躍(MegaJump)，另外還有適合小朋友的蹦跳床(MegaBounce)。除了蹦跳床外其餘設施均有身高或體重的限制，較不建議帶小小孩來此，因為能體驗的設施非常有限。

▲邁佳探險樂園藏在叢林中，離馬路有段距離，入口很隱密

http cn.megaadventure.com

✉ 10A Siloso Beach Walk, Singapore 099008

🕐 每日11:00～19:00

$ 叢林飛索新幣$50，叢林索道探險新幣$45，叢林跳躍新幣$25，蹦跳床新幣$15

➡ 搭乘聖淘沙海灘火車(Sentosa Beach Tram)在邁佳探險樂園站下車

聖淘沙名勝世界
Resort World Sentosa

占地廣達49公頃，擁有新加坡環球影城、
S.E.A.海洋館、海事博物館、海豚園及水上探險
樂園，以及其他頂級設施與度假中心，是新加坡
知名遊點，全家大小可以在此玩到開懷！

註：聖淘沙島上的樂園和活動，強烈建議事先在網路上購票門
票，或是使用有優惠券的手機APP訂票，現場購票最為昂貴。

新加坡環球影城
Universal Studio Singapore (簡稱USS)

▲不管去哪個國家的環球影城，都必照的地球標誌

新加坡環球影城於2011年5月正式開幕，是繼
日本大阪後第二座亞洲環球影城。從刺激的雲霄
飛車到適合小小孩的設施應有盡有，「電影特效
製片廠」讓你親歷五級颶風和滔天巨浪的精采特
效，「未來水世界」則是真人的特技表演和爆破
特效，這些都是新加坡環球必看的表演。新加坡
環球影城面積並不大，但動線簡單不容易迷路，
排隊人潮也不像其他樂園瘋狂，若非連假、國定
假日，就算沒買快速通關票券，從10:00一開門就
入園，基本上在關園前可以玩遍大部分的遊樂設
施。部分週五、週六關園時間較晚，可參閱官方
網站的每日營業時間。

▲史瑞克的城堡

http www.rwsentosa.com/zh-hk/attractions/universal-
studios-singapore

✉ 8 Sentosa Gateway Sentosa Island, Singapore
098269

🕐 開園時間10:00，閉園時間18:00～22:00（根據淡旺
季特殊假期，閉園時間經常調整，請參見官方網站）

💲 全票(13～59歲)新幣$79、孩童票(4～12歲)新幣$59
、敬老票(60歲以上)新幣$41。快速通行證一次新幣
$40、一日內無限使用新幣$70。每年萬聖節前後的
Halloween Horror Night票券需另外購買，由於非常
熱門，建議提前上網站預定

➡ 聖淘沙快捷名勝世界站(Resorts World)

▲刺激的雲霄飛車

▲以馬達加斯加為主
題的旋轉木馬

▲侏羅紀公園表演秀

海洋館
S.E.A Aquarium

聖淘沙的海洋館內有超過1,000種海底生物，也有美麗的水族箱讓大人、小朋友都驚豔。海洋館內還不定期舉辦「海洋夢語」，讓你搭著帳篷夜宿在水族館內，睡前和一起床都被海洋生物給包圍。由於海洋館為室內設施，這裡也是不少遊客作為雨天或天氣太炎熱的備案。

http www.rwsentosa.com/zh-hk/attractions/sea-aquarium

✉ 8 Sentosa Gateway Sentosa Island, Singapore 098269

🕐 每日10:00～19:00

💲 非新加坡居民全票(13～59歲)新幣$40、孩童票(4～12歲)新幣$29、敬老票(60歲以上)新幣$29

➡ 聖淘沙快捷名勝世界站(Resorts World)

▲海洋館是親子遊的好去處(照片提供／Ichi Su)

海事博物館
The Maritime Experiential Museum

海事博物館就在海洋館的旁邊，所以通常旅客會將這兩個景點安排在一起，也有販售兩館的套票組合。海事博物館裡講述著航海時代的歷史，共有15個主題展廳。另外館內還有颱風劇場的海難體驗，需另外購買新幣$3的門票方可入場。

http www.rwsentosa.com/zh-hk/attractions/the-maritime-experiential-museum

✉ 8 Sentosa Gateway Sentosa Island, Singapore 098269

🕐 每日10:00～19:00

💲 非新加坡居民全票(13～59歲)新幣$12、孩童票(4～12歲)新幣$8、敬老票 (60歲以上)新幣$5

➡ 聖淘沙快捷名勝世界站(Resorts World)

▲海洋館和海事博物館互為鄰居

▲侏儸紀公園的恐龍擺設

新加坡順遊

新加坡周遭，還有很多值得就近前往的旅途點喔！

來到了新加坡，若還有多餘的時間想去其他國家走走，但又不想搭飛機，可以考慮去鄰近的馬來西亞或印尼。雖然地點靠近，但過了一座橋來到了另一國，又別有一番風光。

馬來西亞柔佛州新山市
Johor Bahru

新山市是馬來西雅柔佛州的首府，這裡和新加坡之間隔著柔佛海峽相望。從新加坡若想走陸路前往馬來西亞，有兩個選擇：一是走「新柔長堤」(Johor-Singapore Causeway)，從新加坡北端的兀蘭關口(Woodlands Checkpoint)出發，來到新山的蘇丹伊斯干達大廈(Bangunan Sultan Iskandar)，這裡有許多大型商場聚集。二是走「大士第二通道」(Tuas Second Link)，從新加坡西邊大士關口(Tuas Checkpoint)到蘇丹阿布峇卡大廈(Bangunan Sultan Abu Bakar)，通常是為了去馬來西亞的樂高樂園。

如何前往新柔長堤

■**包車**：若有好幾個人分攤車資較划算，有許多包車公司提供此服務，可上網比較。搭車過新加坡和馬來西亞的關口均不用下車排隊，只需繳交護照搖下車窗即可。

■**公車&巴士**：160、170、170X、950、TS1 (樟宜機場發車)、TS8 (聖淘沙名勝世界發車)。搭乘公共運輸是最便宜的方式，但也比較花時間，因為新加坡的出境和馬來西亞的入境關口都需要排隊，尤其是馬來西亞的關口作業較慢，假日人多時，耗上3～4小時也不稀奇。

 豆知識

新加坡人要去新山購物、吃飯的理由

由於新加坡和馬來西亞所得和物價差距較大，對於新加坡人來說，到JB (Johor Bahru)消費的價格只有新加坡的一半到三分之一，花少少的錢可以獲得一樣的享受，所以不少新加坡人利用週末去新山購物、看電影、吃飯、按摩。另外汽車加油費用也是新加坡的半價左右，所以在關口附近的加油站，總是可以看見滿滿的新加坡車在排隊，準備把油加滿再回去。

相反地，也有人是住在新山然後去新加坡上班。這麼一來房租就便宜許多，賺的薪水是馬來西亞當地的三倍。因此每到上下班時間，新柔長堤總是大塞車，週末、國定假日、學校假期等日子也是，交通阻塞、海關證照檢查口擠爆，所以若想去新山走一趟，切記要選好日子和時段出發！

馬來西亞樂高樂園
LEGOLAND Malaysia Resort

◀ 愛因斯坦也可用樂高來呈現

馬來西亞樂高樂園攻略法

馬來西亞的樂高樂園從新加坡去非常方便，每到新加坡放假，樂高樂園就會顯得相當熱鬧，因此建議去樂高樂園盡量避開新加坡的國定假日與學校假期。大多數遊客前往樂高樂園為1日或2日遊。由於樂園有分陸上和水上，想要在1天內玩完也不是不可能，但可能就會錯過很多有趣的小細節，所以若想玩兩個樂園，建議規畫2天1夜並入住樂高飯店。

▲ 用樂高拼出來的小人國

樂高樂園 LEGOLAND

在馬來西亞樂高樂園中共有七大主題景區，分別是：起點站、樂高機械組、樂高王國、幻想國度、樂高城市、探險之地、迷你園地。遊樂設施有70種，部分刺激的雲霄飛車有身高限制，小小孩無法搭乘。但有更多專屬於小孩的遊樂設施，是個非常適合當小孩來體驗的樂園。

◀ 馬來西亞最知名的雙子星大樓也可用樂高拼

▲ 樂高樂園入口處

樂高樂園資訊看這裡

🌐 www.legoland.com.my/zh-tw/

💲 樂高樂園一日券成人馬幣RM$231、孩童RM$185、水上樂園一日券成人馬幣RM$157、孩童RM$128。樂高樂園＋水上樂園＋海洋探索中心一日券成人馬幣RM$313、孩童RM$250。樂高樂園＋水上樂園＋海洋探索中心二日券成人馬幣RM$313、孩童RM$250。選擇二日券的聯票比較划算喔！其他包套行程另有優惠，建議多上網比較

➡ 巴士：樟宜機場出發搭乘PBS783、TS6。新加坡摩天輪出發搭乘WTS Travel、地鐵勞明達站(Lavender) B出口出發搭乘Superior Coach。以上巴士票亦有與樂高樂園合作的套票，可參閱網站。包車：若有3人以上又有行李的話，建議可以直接包車，省時又省力

▶ 受小男生喜愛的忍者主題區

水上樂園 Water Park

馬來西亞一年四季都是夏天，因此來這裡不用怕因為太冷而無法玩水，每一天都是玩水天！不管是大人、小孩都可以在這裡玩得盡興，有刺激的滑水道、衝浪滑板，還有適合全家一起玩的漂流河、水泡滑梯。

▲ 小朋友最愛的戲水區　　▲ 漂流河和朋友一起玩會更有趣

樂高樂園酒店 LEGOLAND Malaysia Hotel

若計畫在樂高樂園區域待兩天，強力推薦入住樂高樂園酒店。雖然比同區域的其他飯店貴上不少，但這間飯店絕對不會讓你失望。大廳有免費的兒童遊戲區，小朋友能在樂高池裡玩上好幾個小時都不會膩，餐廳內也是以樂高為主題，所有的擺飾都用樂高堆疊而成。房型多為5～8人房，適合全家人或三五好友一起入住。房內均有上下鋪的床位，是小朋友最為興奮的設計。

▲ 樂高樂園酒店外觀

▲ 埃及法老主題房型

▲ 海盜主題房型

▲ 飯店大廳就有「樂高池」，小孩永遠不會無聊

▲ 連郵箱也是用樂高做的喔

▲ 餐廳裡也可見樂高巧思

前往印尼
Indonesia

　　來新加坡又想要順便體驗一下印尼的小島風情，那麼民丹島(Bintan)和巴淡島(Batam)會是很好的選擇。

　　這兩個小島都屬於印尼，但是從新加坡出發搭乘渡輪都是不到1小時就可以抵達，新加坡人也常利用週末假日前往度假。持中華民國護照進入印尼可以享觀光30日免簽證，因此非常方便。由於這兩個小島以新加坡觀光客居多，因此物價比印尼其他島嶼來得貴上一些，但和新加坡相比已經很便宜了。

▲港灣渡輪碼頭離境大廳

▲品嘗印尼當地美食

民丹島Bintan

　　民丹島是度假的熱門地點，許多人會選擇待在度假村，享受酒店的私人海灘、房內的私人泳池和高端的服務。若想要在外面走走，也可以試試搭著小船穿梭在紅樹林之間，或是報名蓬恩加島一日遊，去那裡參觀極富歷史的建築和了解當地的歷史。

➡ 從丹那美拉渡輪碼頭(Tanah Merah Ferry Terminal)乘船

▲坐在巴淡島飯店泳池邊吹海風發呆也很愜意

巴淡島Batam

　　巴淡島雖然沒有特別出名的景點，但在島上晃上一天也非常愜意。巴里浪大橋(Barelang Bridge)、阿法拉特清真寺(Jabal Arafah Mosque)和市區名古屋山購物中心(Nagoya Hill Mall)，都是旅客愛去的地方。或者也可以在度假村裡一整天，享受度假村的設施，品嘗印尼當地美味的料理。

➡ 從新加坡港灣渡輪碼頭(Harbour Front Ferry Terminal)或丹那美拉渡輪碼頭(Tanah Merah Ferry Terminal)乘船

▲到印尼巴淡島感受小島風情

通訊應變篇
Communication

想在國外與親友保持聯繫，
或是遇緊急狀況如何處理？

無論是打電話、上網、郵寄，本篇要介紹最划算和方便的方式，讓你與世界各地的親友零距離。若發生護照、錢包不見，或是生病、急著找廁所等臨時情況，先別驚慌，幫你整理出緊急聯絡單位，有效即時處理。

FREE WI-FI
AT STATION PLATFORM
WITH *WIRELESS@SG*

打電話、上網

緊急時使用手機以應不時之需。

打電話

從台灣打到新加坡

　　新加坡的電話號碼沒有區域碼，而市話與手機號碼皆為8碼。從台灣撥新加坡的電話方式為：台灣國際冠碼＋新加坡國碼＋電話號碼。舉例來說，新加坡旅館電話6123-4567，從台灣市話撥打方式為002-65-6123-4567，從台灣手機撥打方式為＋65-6123-4567。

從台灣的撥打方法	台灣國際冠碼＋	新加坡國碼＋	電話號碼
市話打新加坡市話	002/009/012等	65	8碼
市話打新加坡手機	002/009/012等	65	8碼
手機打新加坡市話	按加號＋	65	8碼
手機打新加坡手機	按加號＋	65	8碼

(製表／張念萱)

從新加坡打到台灣

　　撥號方式為：新加坡國際冠碼＋台灣國碼＋電話號碼。舉例來說，從新加坡打回台灣，若台北電話(02)1234-5678，從新加坡市話撥打方式為019-886-2-1234-5678，從新加坡手機撥打方式：＋886-2-1234-5678。

撥打方法	新加坡國際冠碼＋	台灣國碼＋	區域號碼＋	電話號碼
市話打台灣市話	018/019等	886	如台北為2(去0)	7或8碼
市話打台灣手機	018/019等	886		手機號碼(去0)
手機打台灣市話	按加號＋	886	如台北為2(去0)	7或8碼
手機打台灣手機	按加號＋	886		手機號碼(去0)

(製表／張念萱)

通訊應變篇

與同行友人聯繫

網路發達的時代大家多以通訊軟體聯繫，但若碰上網路不靠譜的時候，還是得倚靠最基本的電話通訊了。在手機通訊錄上將朋友的電話號碼設定為＋886再加上台灣手機號碼的形式，就算在海外也可以直接撥通喔！但漫遊費可不便宜，建議真的找不到人、緊急的時候再使用。

新加坡當地預付卡

在新加坡有各式各樣的遊客，不管是來轉機、觀光或洽公，電信公司針對這些短暫停留的旅人，推出不少優惠的預付方案。以下就介紹幾個旅客特別喜歡的預付卡方案。

新加坡預付卡方案

電信公司	StarHub	Singtel	M1
網址	www.starhub.com	www.singtel.com	www.m1.com.sg
方案	Travel 4G Prepaid SIM	hi!Tourist EZ-Link	M1 Prepaid Tourist SIM
價格(新幣)	$12	$18	$12
內容	1.7天新加坡本地100GB 2.海外漫遊1GB 3.30分鐘國際通話 4.100封當地簡訊 5.500分鐘撥打新加坡電話 6.無限制接聽新加坡電話	1.7天新加坡本地100GB 2.海外漫遊1GB 3.30分鐘國際通話 4.100封當地簡訊 5.500分鐘撥打新加坡電話 6.無限制接聽新加坡電話 7.免費搭乘新加坡纜車聖淘沙線(價值$15) 8.可當ezlink使用，內有新幣$3車資	1.7天新加坡本地100GB 2.500分鐘撥打新加坡電話 3.100封當地簡訊 4.20分鐘國際通話
特色	1.價格便宜，7天100GB絕對夠用 2.海外漫遊可用在馬來西亞、印尼、泰國、澳洲、紐西蘭、日本、香港、韓國等16個國家。對於要接續其他國家繼續旅行的旅客非常划算 3.不只有網路，撥打電話的部分也很划算	1.價格便宜，7天100GB絕對夠用 2.卡片可當ezlink使用，不需另外再去買卡 3.海外漫遊可用在馬來西亞、印尼、泰國、澳洲 4.另外有$15 100GB的方案。此方案就沒有ezlink的功能	1.價格便宜，7天100GB絕對夠用 2.沒有海外漫遊的服務
購買地點	StarHub門市、7-11、便利商店Cheers、樟宜機場各航站的StarHub櫃檯或UOB換錢所櫃檯	Singtel門市、7-11、便利商店Cheers、樟宜機場各航站的Starhub櫃檯或Travelex換錢所櫃檯	M1門市、7-11、便利商店Cheers、樟宜機場各航站的M1櫃檯
備註： 1.方案費率時有變化，請以官方網站為主。 2.購買時需要以護照註冊個人資料。			

(製表／張念萱)

上網

無論是與朋友聯絡、尋找美食、搜索有趣的景點，網路已經變成旅行中不可或缺的工具。新加坡的網路非常發達，公共的免費網路不少，網速也很快。新加坡國土小，因此全國幾乎都收得到網路，不太會有訊號不佳的困擾。

Wi-Fi分享器

若想使用Wi-Fi分享器可以在台灣先租借好，但需要事先預約取件，不適合臨時要出國的旅客。在新加坡樟宜機場的Changi Recommends 也可以租借Wi-Fi分享器，同樣建議事先預約。

http Changi Recommends

www.changirecommends.com

■**優點：**

1. 多人共享。可和三五好友一起合租，分攤費用。並可供多個電子設備同時上網。
2. 適合不喜歡或無法換手機SIM卡的人。

■**缺點：**

1. Wi-Fi分享器需要充電。
2. 和朋友走散或離較遠的話，身上沒有分享器的人就收不到網路訊號。
3. 需要帶著Wi-Fi分享器出門，增加重量。
4. 機台弄壞或遺失需要賠償。
5. 價格較新加坡的預付卡費率來得昂貴。

免費Wi-Fi哪裡找

樟宜機場 #WiFi@Changi

樟宜機場是每個旅客必經之處，也是一開始抵達新加坡人生地不熟、最需要網路的時候。不管你是想與家人報平安、確認轉機訊息、查詢稍後交通資訊，樟宜機場優秀的免費網路絕對不會讓你失望。以下有兩種連結上樟宜機場免費網路的方法：1.至機場服務台索取上網密碼，2.使用自助Wi-Fi密碼索取機。

使用自助Wi-Fi密碼索取機 Step by Step

◀**自助WiFi密碼索取機**

 Step 1 找到自助WiFi密碼機台，依照指示翻到照片頁並朝下插入掃描。

Step 2 手機選擇#WiFi@Changi並輸入顯示的密碼。一個密碼只能使用在一個機台，若還有其他需要上網的裝備，可重新插入護照索取另一個密碼。

Step 3 之後手機會收到5碼的密碼。輸入密碼後即可上網。

Wireless@SG

在許多公共場所如大賣場、博物館、圖書館、地鐵站，都可以收到Wireless@SG的免費Wi-Fi。這是由新加坡政府免費提供的公共Wi-Fi。和機場的Wi-Fi相同，需要以電話號碼登入，取得密碼後使用。

▶在地鐵站、大型商場中看到這個標誌，代表有免費的Wireless@SG

手機簡訊索取密碼Step by Step

Step 1 選擇#WiFi@Changi後會出現樟宜網路的首頁，選擇下方Free Internet Access，輸入電話號碼。

選擇這邊登入網路

Step 2 上方輸入國碼(台灣國碼886，新加坡國碼65)、下方輸入電話號碼。

電話國碼

電話號碼
9XX-XXX-XXX

貼心 小提醒

應急可用公用電話

人手一支手機的年代，已經很少人在用公共電話，但若真有急用，新加坡街道上還是有公共電話可用。此外，機場、地鐵站和賣場一定會設有公共電話。撥打前先詳閱公用電話上的注意事項。建議：若真的有急用，建議以投幣付款，信用卡費率不固定，有可能會比預期中的還要昂貴許多。

撥打國際電話使用說明

1.投幣口／2.信用卡、電話卡插卡處／3.退幣口

在海外郵寄郵件給自己或親友，留下旅遊美好回憶。

許 多旅客都有寄明信片給親朋好友，甚至是寄給自己的習慣。每到一個城市也順便拜訪當地郵局，成為旅人的另類浪漫。寄明信片最簡單的方式就是去郵局購買郵票，貼好後直接丟進郵局前的郵筒。但若碰到郵局大排長龍，或是玩到郵局都關門了該怎麼辦？在新加坡，你還可以選擇到7-11、或到樟宜機場第二航站郵局（🕐週一～五09:00～18:00），或選擇SAM機檯購入郵票（SAM機檯可在各大賣場、地鐵站門口找到）。

使用SAM機檯購買明信片郵票

SAM機檯不收現金，只收NETS卡和有NETS功能的信用卡，NETS卡可在7-11、Buzz小賣店或地鐵站櫃檯購入。

主畫面選擇「Buy Stamps」→「Labels for postcards」→選擇「Taiwan」→「Postcards」（明信片規格必須在120×235mm以內）→郵資為新幣$0.60

所有資訊確認無誤後按「Pay」，將卡片放在感應處付款，郵票就會從下方取票處掉出。

◀新加坡郵筒

◀在郵局會看到一整排的郵筒，要寄送台灣的郵件，選擇「other countries」就對了

▲SAM機檯

▼卡片上一定要有NETS FlashPay的標誌，才可以在SAM機檯買郵票

◀機場第三航廈雖然沒有郵局，但在離境大廳換錢所旁有設郵筒，不是很起眼，很容易不小心錯過

通訊應變篇

發生緊急狀況

難免會有突發狀況，找到求助單確保自身安全最重要！

新加坡治安良好，堪稱全球最安全的城市之一，在許多公眾場所都會看見員警巡邏，夜晚的街道也總是相當明亮。但身在異國多少會有一些突發狀況，若能尋求正確管道協助，相信能順利化解旅途中的大小問題。

求助單位與聯絡方式看這裡

緊急突發狀況電話

報警：999
救護車／消防車：995
若遇見強盜或其他緊急情況，不要遲疑可立刻撥打999。若非緊急則不要隨便亂打，被判斷是故意占用專線，最高可處罰金新幣$20,000和5年徒刑。

▲新加坡警察局的標誌

駐新加坡台北代表處

若在新加坡有護照遺失需要補辦，或其他需要協助事宜，可聯繫駐新加坡台北代表處。

http www.roc-taiwan.org/sg_en
✉ 460 Alexandra Road #23-00 PSA Building, Singapore 119963(鄰近拉伯多公園地鐵站)
🕐 週一～五09:00～17:00(週末、新加坡國定假日休息)
📞 (＋65)9638-9436或9638-9436(車禍、強盜或生命受威脅之緊急事件)
　一般公務時間聯絡電話：(+65)6500-0100或6500-0100

旅外國人急難救助服務專線

超級緊急事件需要向外交部求助：從新加坡請撥001-800-0885-0885(你幫幫我、你幫幫我)

生病、受傷

新加坡的醫療昂貴，建議前往新加坡旅遊前先購買海外醫療保險，眾多保險內容各有不同，購買前應先了解理賠方式。若有平常慣用藥品也應帶出國，以便不時之需。

急病救治

若有緊急突發狀況可撥打995叫救護車。若沒有到很緊急但是需要前往醫院，建議請飯店櫃檯幫忙聯繫。

一般疾病

若不是非要上醫院的小病，可前往藥局詢問藥劑師，購買適當的成藥。若不安心想去診所，通常地鐵站和購物中心內都會有小型診所，若怕溝通上有問題，可在掛號時指定華人醫生看診，華人醫生大多能以中文溝通。

■ 常見連鎖藥局

新加坡兩間最常見的連鎖藥局為屈臣氏Watsons和Guardian，都有藥師進駐。

▲屈臣氏Watsons的外觀和台灣一樣

▲Guardian為橘色招牌

■ 常見連鎖診所

Raffles Clinic和Parkway Shenton Clinic在許多賣場裡都有設置診所，週末和國定假日看診費較貴。每日服務時間依照所在賣場、地點多有不同，建議出發前先上網查詢。

▲位於機場的Raffles Medical

▲綜合大型醫院

內急

新加坡的公共廁所很多，只要在賣場、車站幾乎都能找到，通常賣場的廁所會比車站、熟食中心的廁所來的乾淨。少部分熟食中心的公廁需要收費，費用多為新幣$0.20。多數賣場公廁都設有親子廁所或尿布檯，帶小朋友來新加坡旅行也很方便。

噴管使用法

新加坡無論家裡或是公廁，都會看見旁邊有一條噴管，這不但可以拿來清潔馬桶，還可以當成洗屁屁使用。使用過的衛生紙記得丟馬桶內沖掉，其他生理用品才丟垃圾桶。

廁所評分制度

在新加坡，不少公廁的外面可見廁所的評鑑結果，除了這種專業評鑑之外，也有評分機檯，讓使用完的人點選給分數。這除了讓廁所管理者可以掌握廁所的清潔度，也是對清潔專業人員的鼓勵。除了給廁所清潔度評分，也可使用右下角Feedback功能告知哪部分清潔需要改善。

🫘 豆知識

六星級公共廁所

新加坡有個榮獲世界廁所組織六星級肯定的公共廁所，就位在濱海灣購物商城裡，也是觀光客必去的地方之一，下次經過別忘記進去瞧瞧！

豆知識

癮君子想抽菸怎麼辦？

吸菸有害身體健康，不鼓勵吸菸，但若旅行新加坡途中，真的有菸癮需要，那就要了解當地的吸菸規則。公眾場合基本上都是禁菸，除了特別設置的吸菸室可抽菸外，其他地方四處可見禁菸標誌。

在街上也不可邊走邊抽，要在指定地點抽菸。更不能亂丟菸蒂，有時候別看四周沒什麼人，其實都有便衣警察在巡邏。若不知道哪裡可以抽菸，找找有菸灰缸的垃圾桶，站在垃圾桶旁抽完再走。違反禁菸相關規則被抓到，可能會被罰新幣$200～1,000不等，千萬不要心存僥倖，出國在外應遵守當地的規定。

▲路上處處可見禁菸標誌

▲垃圾桶上有附菸灰缸，須在旁邊定點抽完

遺失重要物品

新加坡治安不錯，比起其他旅遊熱門國家，偷竊的事件較少。無論是街上、賣場和車站都有大量的監視器。但難免會有不小心遺失物品的情況發生，建議先不要著急，回想最後一次看見物品是什麼時候，在哪裡看見。通常掉在餐廳、公廁或車上的機率很高。

在許多公眾場所、各大賣場前面，都可以看見右圖的板子。上面寫著這間賣場共有幾件竊盜案，且偵破多少件，從偵破率100%看起來，警世的意味很重。

錢包遺失

發現錢包不見，首先要馬上打電話回台灣掛失信用卡，以防被盜刷。因此建議在出發旅遊前，先把各銀行掛失號碼記下，以備不時之需。之後可到鄰近的警局報案，有可能會有拾金不昧的路人已經送回警察局。若在賣場不見，建議先去服務檯詢問。

護照遺失

護照遺失是旅途中最為麻煩的，因為出不了新加坡、回不了台灣。若真的找不到護照，請依以下順序處理：

Step 1 先去警察局報失，索取遺失申報表。

Step 2 前往「駐新加坡台北代表處」補辦護照。申辦護照遞件為週一～週五09:00～11:45，取件為週一～五13:30～16:00，新加坡國定假日不開放。若有其他問題建議先電話詢問，以免白跑一趟。

■ 駐新加坡台北代表處護照業務專線

服務專線：＋65-6500-0100分機113、117或124。**請注意**：若要申辦正式護照，需要2週時間；若急需返台，建議可辦理1年效期的MRP護照，約需3個工作日。

救命小紙條 你可將下表影印，以英文填寫，並妥善保管隨身攜帶

個人緊急聯絡卡
Personal Emergency Contact Information

姓名Name：　　　　　　　　　　　　　　　　國籍：Nationality

出生年分(西元)Year of Birth：　　　　　　　性別Gender：　　　　　血型Blood Type：

護照號碼Passport No：

台灣地址Home Add：(英文地址，填寫退稅單時需要)

緊急聯絡人Emergency Contact (1)：　　　　　聯絡電話Tel：

緊急聯絡人Emergency Contact (2)：　　　　　聯絡電話Tel：

信用卡號碼：　　　　　　　　　　　　　　　國內／海外掛失電話：

信用卡號碼：　　　　　　　　　　　　　　　國內／海外掛失電話：

旅行支票號碼：　　　　　　　　　　　　　　國內／海外掛失電話：

航空公司國內聯絡電話：　　　　　　　　　　海外聯絡電話：

投宿旅館Hotel (1)：　　　　　　　　　　　　旅館電話Tel：

投宿旅館Hotel (2)：　　　　　　　　　　　　旅館電話Tel：

其他備註：

新加坡救命電話隨身帶

＊警察局：999　　　＊救護車、消防局：995

＊外交部旅外國人急難救助全球免付費專線001-800-0885-0885

＊駐新加坡台北代表處緊急聯絡電話：(＋65)9638-9436或9638-9436

駐新加坡台北代表處

網站：www.roc-taiwan.org/sg_en

地址：460 Alexandra Road #23-00 PSA Building, Singapore 119963(鄰近拉伯多公園Labrador Park地鐵站)

服務時間：週一～五09:00～17:00(週末、新加坡國定假日休息)

緊急聯絡電話：(＋65)9638-9436或9638-9436(車禍、強盜或生命受威脅之緊急事件)

一般公務時間聯絡電話：(＋65)6500-0100或6500-0100

填線上回函，送 "好禮"

**感謝你購買太雅旅遊書籍！填寫線上讀者回函，
好康多多，並可收到太雅電子報、新書及講座資訊。**

好康 1

每單數月抽10位，送珍藏版

「祝福徽章」

方法：掃QR Code，填寫線上讀者回函，
就有機會獲得珍藏版祝福徽章一份。

好康 2

填修訂情報，就送精選

「好書一本」

方法：填寫線上讀者回函，並提供使用本書後的修
訂情報，經查證無誤，就送太雅精選好書一本(書
單詳見回函網站)。

＊同時享有「好康1」的抽獎機會

**開始在新加坡
自助旅行**

bit.ly/2Dl9SOV

＊「好康1」及「好康2」的獲獎名單，我們會
　於每單數月的10日公布於太雅部落格與太
　雅愛看書粉絲團。

＊活動內容請依回函網站為準。太雅出版社保
　留活動修改、變更、終止之權利。

太雅部落格 http://taiya.morningstar.com.tw

有行動力的旅行，從太雅出版社開始

23 太雅週年慶

發票登錄抽大獎

首獎 澳洲Pacsafe旅遊防盜背包

凡於 **2020/1/1～5/31** 期間購買太雅旅遊書籍(不限品項及數量)
上網登錄發票，即可參加抽獎。

首獎
澳洲Pacsafe旅遊防盜背包 (28L)

RFID晶片
防側錄口袋

專利防盜鎖扣

2名

普獎
BASEUS防摔觸控靈敏之
手機防水袋

顏色
隨機出貨

80名

掃我進入活動頁面
或網址連結 https://reurl.cc/1Q86aD
活動時間：2020/01/01～2020/05/31
發票登入截止時間：2020/05/31 23:59
中獎名單公布日：2020/6/15

活動辦法
- 於活動期間內，購買太雅旅遊書籍(不限品項及數量)，憑該筆購買發票至太雅23周年活動網頁，填寫個人真實資料，並將購買發票和購買明細拍照上傳，即可參加抽獎。
- 每張發票號碼限登錄乙次，並獲得1次抽獎機會。
- 參與本抽獎之發票須為正本(不得為手開式發票)，且照片中的發票須可清楚辨識購買之太雅旅遊書，確實符合本活動設定之活動期間內，方可參加。
- 若發票存於電子載具，請務必於購買商品時，告知店家印出紙本發票及明細，以便拍照上傳。

※ 主辦單位擁有活動最終決定權，如有變更，將公布於活動網頁、太雅部落格及「太雅愛看書」粉絲專頁，恕不另行通知。

太雅